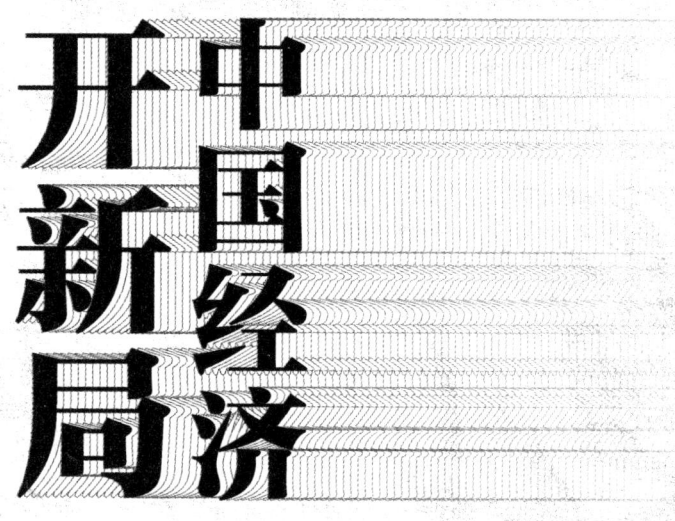

中国经济开新局

尹海涛 许志伟 ◎ 著

人民日报出版社
北京

图书在版编目（CIP）数据

中国经济开新局 / 尹海涛，许志伟著 . -- 北京：
人民日报出版社，2021.1
　　ISBN 978-7-5115-6886-1

Ⅰ. ①中… Ⅱ. ①尹… ②许… Ⅲ. ①中国经济－经济发展－研究 Ⅳ. ① F124

中国版本图书馆 CIP 数据核字 (2021) 第 014527 号

书　　名：	中国经济开新局 ZHONGGUO JINGJI KAI XINJU
著　　者：	尹海涛　许志伟
出 版 人：	刘华新
责任编辑：	马苏娜
特约编辑：	白　羽
装帧设计：	阮全勇
出版发行：	人民日报出版社
社　　址：	北京金台西路 2 号
邮政编码：	100733
发行热线：	(010) 65369509　65369512　65363531　65363528
邮购热线：	(010) 65369530　65363527
编辑热线：	(010) 65369522
网　　址：	www.peopledailypress.com
经　　销：	新华书店
印　　刷：	涞水建良印刷有限公司
法律顾问：	北京科宇律师事务所　(010) 83622312
开　　本：	710mm×1000mm　1/16
字　　数：	178 千字
印　　张：	13
版　　次：	2021 年 3 月第 1 版
印　　次：	2022 年 4 月第 2 次印刷
书　　号：	ISBN 978-7-5115-6886-1
定　　价：	39.80 元

前　言

习近平总书记曾说：各级领导干部一定要深刻认识现代领导活动与读书学习的密切关系，深刻认识领导干部的读书学习水平在很大程度上决定着工作水平和领导水平，真正把读书学习当成一种生活态度、一种工作责任、一种精神追求，自觉养成读书学习的习惯，真正使读书学习成为工作、生活的重要组成部分，使一切有益的知识和文化入脑入心，沉淀在我们的血液里，融汇在我们的从政行为中，做到修身慎行，怀德自重，敦方正直，清廉自守，永葆共产党员的先进性。[①]

生活在今天，我们很难去想象，1929—1933年席卷整个欧美的经济危机到底有多可怕。1929年10月下旬，表面上还是一片繁荣的美国，突然股市暴跌，随之生产和消费全面崩盘，并且这种状况迅速蔓延到整个资本主义社会。大萧条期间，英国每年工业减产1/4；法国每年工业减产1/3；美国则每年下降46%。在美国，4年内1万多家银行破产，1300万人完全失业，另有500万人处于半失业状态。当时在美国报纸上流传的一个小女孩的话，成为这次经济灾难的辛酸注脚："我很饿，可我们家是轮流吃饭，今天该我妹

---

① 选自习近平同志2009年5月13日在中央党校2009年春季学期第二批进修班暨专题研讨班开学典礼上的讲话。

妹吃了。"

经济危机迅速引发了政治危机。1929—1932年,美国爆发暴动2700次。诺贝尔经济学奖得主保罗·萨缪尔森曾写道:"一点都不夸张地说,西方社会独裁政权的出现和由此引发的第二次世界大战,很重要的根源就是当时的社会没有能够很好地处理因为大萧条而引发的基本经济问题。"

在大萧条过去的这100年中,我们观察到两个重要的现象。

首先,世界上没有再发生过像大萧条这样严重的经济危机。这场危机中,英国的经济学家凯恩斯写出了《就业、利息和货币通论》,由此创立了现代宏观经济学的理论体系。他质疑了经济自我调整的能力,批评了供给驱动经济这一思想的局限性,主张政府通过货币和财政等政策刺激总需求的方式来熨平经济波动。凯恩斯的学术继承者们,在发展现代宏观经济理论的同时,也关注宏观经济背后的微观基础,由此大大提升了公众对宏观经济规律的理解,以及政策制定者调控宏观经济运行的能力,从而有效降低了经济驶入自我崩溃车道的可能性。

其次,世界经济在过去百年间也并非总是顺风顺水,经济动荡时常发生。例如,美国在20世纪70年代因为两次石油危机而出现严重的经济滞涨现象;20世纪90年代金融市场脆弱性引发了席卷东南亚的金融危机;2008年美国次债危机导致了全球经济萧条,等等。上述屡次危机没有大萧条那样猛烈,但也深刻而长远地影响了大众生活和世界政治经济格局。每一次危机的到来都催生了宏观经济学研究的学术变革。石油危机直接触发了现代宏观经济学最猛烈的理性预期革命;亚洲金融危机极大地促进了国际金融和货币危机理论的发展,并引发了新兴经济体对资本账户管理的重新思考;美国次贷危机更是颠覆了主流宏观经济学对经济波动的标准解释,金融摩擦由此成为宏观理论中最为重要的构件之一。

过去的百年,我们看到的是宏观经济学科的进步,以及由此产生的政府掌握经济规律、调控宏观运行能力的增强。中国的政治与经济体制与西方发达国家存在结构性差异。新冠疫情的暴发更凸显了我国政府管理能力的优势。具体表现在，政府调控经济的主动性更强、手段更丰富，能力也更突出。以上制度优势在创造中国过去40年的经济发展奇迹中功不可没。政府和经济的密切交融关系，也要求我们的领导干部，具有更准确理解中央宏观政策导向和具体措施的能力，以及更深刻把握宏观经济规律的洞察力，这是党和国家对广大领导干部的殷切盼望。正如习近平总书记指出："我一直强调领导干部要成为经济社会管理的行家里手，是有针对性的。在市场、产业、科学技术特别是互联网技术快速发展的情况下，领导干部必须有较高的经济专业水平。资本投入、安全生产、股市调控、互联网金融管控等都是高风险、高技能的，如果判断失误、选择不慎、管控不力，就会发生问题甚至大问题，严重的会影响社会稳定……各级领导干部要自觉加强学习，增强领导能力，提高管理水平，不断增强作决策、做工作、抓管控的原则性、系统性、预见性、创造性。"[①]

本书的主要写作目的是基于严谨而前沿的宏观学术研究，为领导干部增强经济规律洞察力、提升经济管理能力，提供优秀的学习素材。在写作过程中，我们特别注重以下四个维度。在选题上，我们选择了当前中央最为关切同时也是涉及面广的重要宏观经济问题；在写作上，我们坚持以夯实的理论为基础，而不是流于时事评论，深度的理论刻画有助于提升举一反三的能力；在思路上，我们重视宏观理论的微观基础，注重宏观现象背后的微观机理分析；在风格上，我们弱化了经济学常用的复杂数学推演方式，因而适合各专业背景的读者阅读学习。

在成书的过程中，人民日报出版社的编辑团队在选题和写作上给予了非常宝贵的指导。此外，还要特别感谢我们的学生：郭俊聪、胡云一、刘智卿、年红玉、俞锦祥、张哲玮、赵蕊、朱睿宇。对于本书的每个专题，我们通过

[①] 习近平：《在省部级主要领导干部学习贯彻党的十八届五中全会精神专题研讨班上的讲话》（2016年1月18日），人民出版社单行本，第36—37页。

组会的形式和学生进行了深入研讨,最终呈现给读者的,正是这些专题研讨的成果。唯愿我们的祖国,在党和政府的领导下,更繁荣昌盛;唯愿我们的人民,在党和政府的领导下,更幸福安康。

尹海涛　许志伟

目 录

前　言 / 01

第一章　双循环背后的经济学逻辑
一、关注缘由 / 003
二、现实经济背景 / 004
三、现象背后的经济学解释：内外双重失衡 / 010
四、"双循环"新发展格局的内涵和基础 / 014
五、构建"双循环"新发展格局的两大抓手 / 017
六、本章小结 / 023

第二章　发展新动能——技术与经济增长
一、关注缘由 / 027
二、理论回顾：从马尔萨斯到罗默 / 028
三、寻找新动能：政府的作用 / 034
四、技术进步：一个历史的视角 / 038
五、技术变迁——以汽车行业为例 / 044
六、本章小结 / 047

第三章 两山理论：环境保护与经济增长

一、关注缘由 / 051

二、环境库兹涅茨曲线："先污染，后治理"实践的理论基础 / 052

三、环境库兹涅茨曲线的陷阱：
"先污染，后治理"发展模式的理论缺陷 / 054

四、"先污染，后治理"的发展模式在当今中国是不可行的 / 057

五、一个粗略的城市发展比较分析 / 060

六、本章小结 / 063

第四章 区域协调发展

一、关注缘由 / 067

二、区域协调发展的必要性 / 068

三、理论回顾：规模效应、互补性、比较优势与外部性 / 070

四、区域协调发展战略的历史 / 072

五、区域协调发展的核心要义 / 074

六、区域协调发展的障碍 / 078

七、小结与政策启示 / 080

第五章 经济新业态——数字经济

一、关注缘由 / 085

二、数字经济：经济新业态 / 085

三、数字经济：数据是关键要素 / 089

四、数据资本赋能经济 / 091

五、数据资本的产权问题 / 096

六、数字经济：机遇与挑战 / 101

七、本章小结 / 103

第六章 保持就业稳定
一、关注缘由 / 107
二、理论回顾 / 107
三、我国目前实现稳就业目标面临的挑战 / 113
四、本章小结 / 121

第七章 扩张性货币政策一定能刺激经济吗？
一、关注缘由 / 125
二、经典货币政策理论 / 126
三、对中国经济的适用性 / 129
四、小结与政策启示 / 140

第八章 积极有为的财政政策
一、关注缘由 / 145
二、财政政策的工具组合 / 146
三、各级政府间的互动 / 156
四、地方政府债务问题 / 161
五、小结与政策启示 / 164

第九章 碳中和和碳市场：市场如何助力环境保护？
一、关注缘由 / 169
二、市场与环境保护 / 170
三、碳市场的主要原理和政策目标 / 172
四、环境交易市场在中国：碳市场的建设过程中要注意的问题 / 175
五、本章小结 / 179

第十章 中小企业的融资困境
- 一、关注缘由 / 183
- 二、中小企业的融资难的概念指向 / 184
- 三、我国中小企业的运行情况 / 184
- 四、中小企业融资困难的原因 / 187
- 五、政策建议 / 193
- 六、本章小结 / 197

第一章

双循环背后的经济学逻辑

一、关注缘由

2020年5月14日,中共中央政治局常务委员会会议上首次提出了"构建国内国际双循环相互促进的新发展格局"。习近平总书记在参加全国政协经济界联组会时,对新发展格局的阐释增加了"逐步形成以国内大循环为主体"的关键表述,强调要把满足国内需求作为发展的出发点和落脚点,加快构建完整的内需体系,逐步形成以国内大循环为主体、国内国际双循环相互促进的新发展格局,培育新形势下我国参与国际合作和竞争新优势。在7月30日召开的中央政治局会议上,首次正式提出了"加快形成以国内大循环为主体、国内国际双循环相互促进的新发展格局"的说法,对"双循环"新发展格局的论述从"逐步形成"变成了"加快形成",从中可以看出实施"双循环"战略对我国未来发展的重要性。

在企业家座谈会、经济社会领域专家座谈会、科学家座谈会三次重要座谈会,中央全面深化改革委员会第十五次会议以及2020年中央经济工作会议等重要会议上,习近平总书记进一步说明了新发展格局的提出背景、内涵和要求。"双循环"新发展格局的概念逐渐进入公众视野,并引起了广泛讨论,但公众对于这一战略还存在一些疑惑。"双循环"究竟是什么含义,为什么我们现在要提出"双循环"战略?如何推进"双循环"战略?本章将以现代经济学的视角讨论上述问题。

本章首先介绍新发展格局提出的宏观经济现状,并通过分析得出现状的形成原因,及其背后的经济学解释。随后,本章将讨论"双循环"新发展格局的内涵以及我国实施"双循环"战略具备的基础。最后,基于理论分析,提出实现"以国内大循环为主体、国内国际双循环相互促进"的核心路径。

二、现实经济背景

加快形成以国内大循环为主体、国内国际双循环相互促进的新发展格局，是根据我国发展阶段、环境、条件变化做出的战略决策。① 既然是战略决策，就必然有其深层的现实背景。为此，我们从宏观经济运行的角度，讨论一下我国所处的国际国内大背景。

（一）国际经济背景

近年来，世界经济陷入长期停滞的新常态，国际贸易大幅萎缩。图1描述了全球GDP增速与国际贸易的变化。从全球经济来看，2008年金融危机导致全球经济衰退，之后，在各国宏观政策的刺激下，2010年经济增长率基本恢复至金融危机前的水平，但这一复苏是暂时的。2011年，经济增长率再次下滑，2012年下降至2.52%。此后，世界经济基本维持在3%左右的低增长水平，陷入长期停滞的新常态。就国际贸易而言，2000—2008年为经济全球化快速发展时期，全球商品贸易占GDP的比重持续上升，在2008年达到最高点51.42%。受金融危机影响，国际贸易在2009年出现较大下降。在短暂的恢复后，2012年开始，全球商品贸易占GDP的比重呈现下降趋势，逆全球化趋势显现。

低迷的宏观经济使得贸易保护主义和单边主义盛行，国际金融市场动荡，地缘性政治风险上升。新冠肺炎疫情的暴发进一步加深了全球经济和贸易萧条。表1显示了新冠肺炎疫情下不同类型国家的国际贸易变化。可以看出，受疫情影响，2020年发达国家和发展中国家的进出口在第二季度以及7

---

① 参见《习近平：推动更深层次改革实行更高水平开放 为构建新发展格局提供强大动力》，新华网，2020年9月1日，http://www.xinhuanet.com/politics/leaders/2020-09/01/c_1126440786.htm。

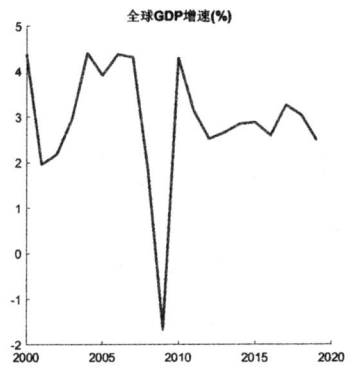 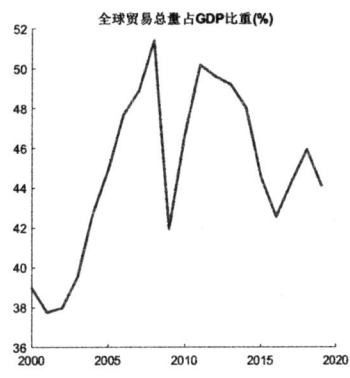

图1 全球经济与国际贸易

注：图中贸易数据为商品贸易数据。
数据来源：世界银行世界发展指标（WDI）数据库。

月份均大幅下滑，且发达国家下滑更严重。发展中国家之间的贸易（南南贸易）受到的冲击相对较小，在第二季度与7月份分别下降了16%和8%。在全球经济衰退背景下，产业结构引致的潜在风险，使得全球产业链和供应链本土化趋势显现。美国和日本在疫情期间均发出过鼓励在海外的产业回迁本国的号召，以降低产业链分散风险。根据2020年3月中国美国商会、上海美国商会和普华永道中国联合开展的新型冠状病毒肺炎疫情影响下在华美资企业的供应链战略调查，16%的美国企业计划至少将部分生产或供应迁出中国，28%的企业计划在采购方面进行类似调整。

表1 新冠疫情下的全球贸易

	2020年第二季度		2020年7月	
	进口	出口	进口	出口
发达国家	-20%	-22%	-10%	-14%
发展中国家	-18%	-17%	-10%	-6%
南南贸易	-16%		-8%	

数据来源：由联合国贸易和发展会议根据国家数据计算。数据为同比变化且不包括欧盟内部贸易。

全球经济的结构性变化使得我国经济面临着外需弱、资源供给不稳定、贸易与投资环境恶化等严峻问题。在不稳定不确定的世界形势下，市场和资源两头在外，过度依赖国际循环的发展模式长期不可持续。

(二) 国内经济背景

再将视线转到国内。我国经济正处在向高质量发展转变的转型阶段，传统的粗放型增长模式的瓶颈已经充分凸显，因此需要转变发展方式，优化经济结构。然而，寻求新的增长动力却面临着结构性、体制性和周期性问题。一个国家的生产总值，主要由消费、投资、出口和政府支出构成。经济学上把消费、投资和出口三个变量比喻为拉动经济增长的"三驾马车"。对这三个变量的动态特征进行分析，有助于识别我国经济发展当前面临的结构性问题，从而为理解双循环背后的宏观经济现状提供实证证据。

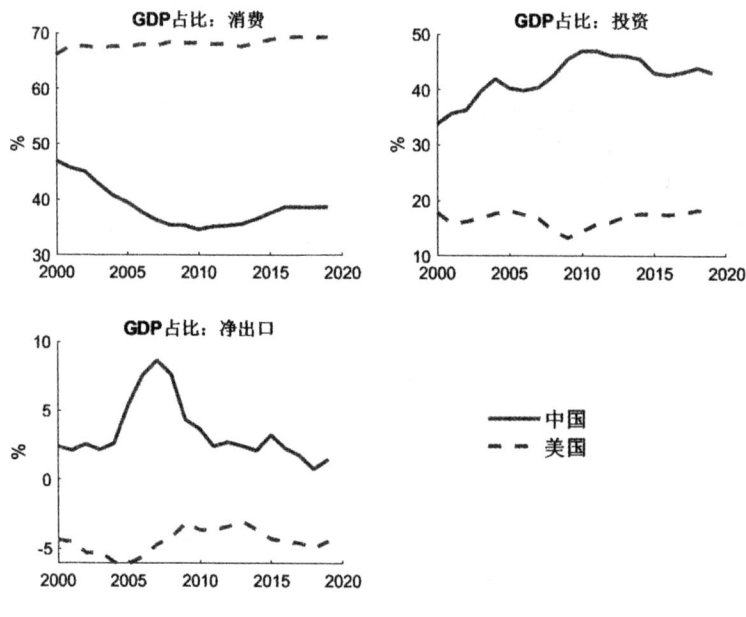

图 2　GDP 构成的中美比较

数据来源：国家统计局、美联储 FRED 宏观数据库，以及作者计算。

图 2 为总产出主要构成：消费、投资和净出口三变量占 GDP 比重的中美对比图。该图包含了宏观经济运行的重要信息。首先，图中时间序列的水平值反映了国家总产出的主要结构。就中国经济而言，2000—2010 年间，投资占比一路上升，2005 年超越消费成为 GDP 的最重要构成，其比重达到了 48%。金融危机后，投资比重开始呈现下滑趋势，至 2018 年该比重为 45%。投资下滑的过程也是我国宏观经济增速下滑的过程。消费占 GDP 比重则呈现出与投资动态相反的趋势，2000—2010 年的投资繁荣期，消费占比一路下滑，从开始的 46% 下降至 2010 年的 36%。随后，消费比重开始上升，2018 年达到了 39%。净出口比重 2000 年初为 2%，随着中国加入 WTO 等贸易组织，该比重开始快速上升，在金融危机前夕达到了峰值的 8.5%。随后，金融危机导致外需严重下滑，净出口占 GDP 比重呈现长期下滑趋势，并在 2012 年后稳定在低水平的 2.4%。由于近年来国际形势严峻，净出口比重在 2015 年开始新一轮的快速下滑，截至 2018 年，净出口仅占 GDP 的 0.84%。美国经济的数据显示，消费是 GDP 的最大构成，比重约为 68%，而投资仅占 17%，净出口（外需）为 -4.5%。中美经济结构的对比显示，中国经济增长主要依靠投资和外需拉动，而以消费为主的内需则并未起到应有的积极作用。

上述各核心指标的动态趋势表明，就绝对重要性而言，投资虽然近年来走弱，但仍然是 GDP 最重要的构成，其绝对水平远高于美国这样的成熟市场经济体；消费虽然回升，但绝对水平仍远低于美国经济。为了进一步说明各主要变量拉动 GDP 的相对作用，图 3 画出了消费、投资、净出口对 GDP 增速的相对贡献比例。以消费为例，其对 GDP 增速的相对贡献比例可由如下公式计算：

消费对 GDP 增速的贡献 = 消费占 GDP 比重 × 消费增速

上述公式表明，要使消费积极拉动 GDP 增长，首先需要消费占 GDP 比重高，其次其本身的增长率高。

图 3 显示，2000—2010 年的经济繁荣期，投资平均贡献了 51%，消费平均贡献了 31%，净出口平均贡献了 4%，剩余的 14% 由政府支出贡献。

2011—2018年的经济调整期,投资贡献率大幅下滑至39%,净出口贡献大幅下滑至0.7%,消费的贡献则上升至43%。这表明,最近10年,投资和外需的增长动力不足是严重拖累整个经济的主要因素,这两者的疲弱使得消费(家庭端内需)显得尤为重要,其相对贡献从31%上升至43%。消费的平均增速较低,仅为8%左右。因此,根据上面的公式,在拉动GDP增速、释放内需方面,国内消费具有很大潜力。这也是2020年中央经济工作会议强调坚持扩大内需这个战略基点的一个主要原因。关于这点,我们将在下文进行详细分析。

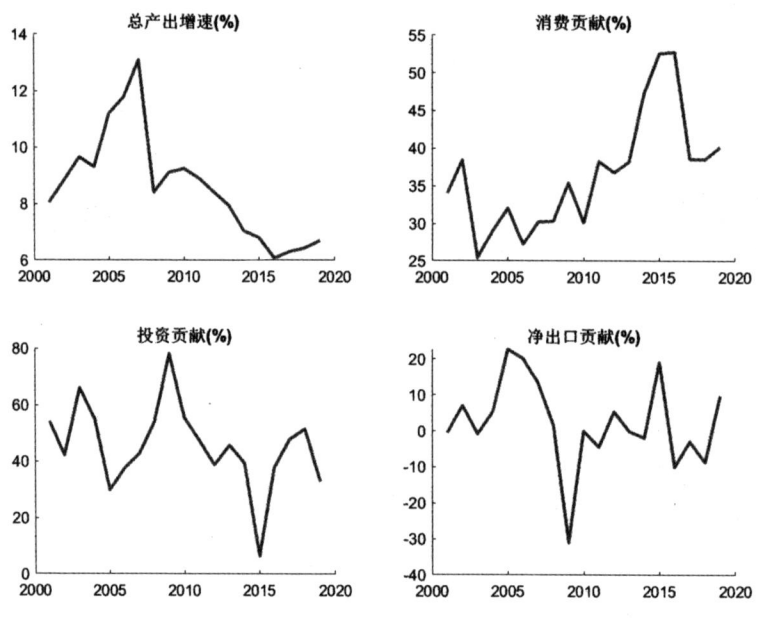

图3 GDP增速以及各构成的相对贡献

数据来源:国家统计局以及作者计算。

前文的数据显示,外需的大幅下滑体现的是国际经济环境的恶化,因此,现阶段外需难以成为支撑经济增长的主要因素。那么,投资的疲弱又体现在哪方面呢?我们进一步将投资分解为国有和私人两部门。图4显示,总投资增速呈现下降趋势,国有部门投资在2010年以后维持在低水平,而私人部门投资增速下滑严重，2017年增速仅为3%，私人部门投资增长动力明显不足。由于私人部门投资占总投资比重较大（65%左右），总投资与私人部门投资的相关性更高，因此，私人投资下滑会导致整体投资的疲弱。过去，我们主要依靠投资拉动经济增长，虽然这一经济结构在短期内能够带来经济的快速增长，但是造成了产能过剩、效益降低等问题。因此，依靠投资拉动的粗放式增长难以长久，稳定投资的关键在于优化资本市场资源配置，有效提升私人部门高质量投资的积极性。关于这点，我们将在下文详细讨论。

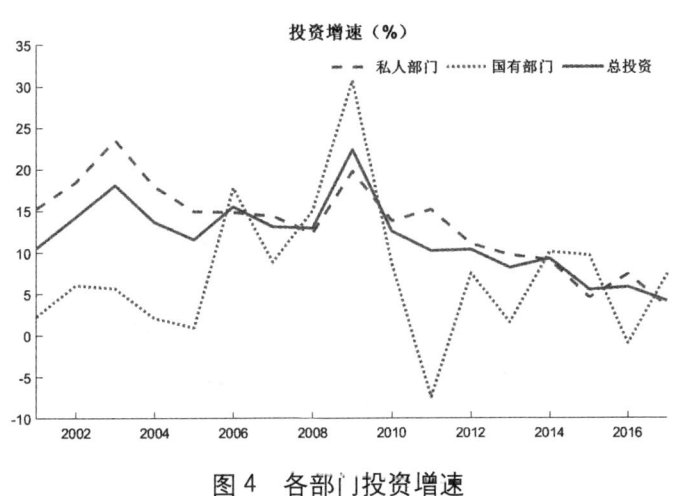

图4 各部门投资增速

注：国有部门投资包含了政府和国有企业投资。
数据来源：Chang，Chen，Waggoner and Zha (2016)①。

以上分析表明，在经济结构方面，我国对投资和外需的依赖度偏高，居民消费占比较低；在经济增速方面，投资和外需的增长拉动力在减弱，同时消费并未起到应有的积极作用。因此，保持经济增长的可持续性，关键在于通过释放家庭消费潜力来提升经济增速，同时鼓励高质量私人部门投资来稳定总投资。最终形成需求牵引供给、供给创造需求的更高水平动态平衡，提

---

① Chang, C., Chen, K., Waggoner, D.F. and Zha, T., 2016. Trends and Cycles in China's Macroeconomy. NBER Macroeconomics Annual, 30(1), pp.1-84.

升国民经济体系整体效能。由此可见,以国内大循环为主体、促进国内国外双循环的宏观发展战略是实现上述目标的有效途径。

三、现象背后的经济学解释:内外双重失衡

前面所提到的经济发展现状背后实际上体现了我们现存的经济内外双重失衡的问题。对内是指储蓄与投资失衡,对外是指金融账户和商品贸易失衡。

(一)内外循环对应的宏观经济均衡

为理解这两个失衡,我们首先回顾两个宏观经济均衡式。宏观经济均衡是在总需求与总供给相互作用下实现的。总供给是指一个经济体在一定时期内生产的最终产品与服务之和,我们用 Y^s 来表示。总产出同时也是整个经济总收入的度量指标。总需求则为对最终产品和服务的有效需求之和,我们用 Y^d 来表示。总支出是总需求的度量指标。

在开放经济中,总需求(Y^d)来源于居民、企业、政府和国外市场四部门。用于需求的总支出是这四个部门的支出之和,即消费支出(C)、投资支出(I)、政府购买支出(G)和净出口(NX)之和,以公式表示则为

$$Y^d = C + I + G + NX$$

私人部门的可支配收入等于整个经济总收入(Y^s)减去税收(T),即 $Y^s - T$。私人部门将可支配收入用于消费(C)和储蓄(S),因此,整个经济的私人总储蓄来自可支配收入去掉消费的部分,即

$$S = Y^s - T - C$$

总收入 Y^s 来源于供给端,总支出 Y^d 来源于需求端。供给等于需求,市场就达到了均衡,即 $Y^s = Y^d$。事实上,供给需求均衡隐含了储蓄和投资之间的关系,即私人储蓄 S 加政府储蓄 $T-G$ 等于国内投资 I 加国外需求 NX:

$$S + (T - G) = I + NX$$

这个公式表明，国内总储蓄（私人加政府）是国内投资和国外需求的资金来源。换句话说，国内储蓄 $S+(T-G)$ 减去国内投资 I 即净出口。上述分析从融资的角度，把国内储蓄和国内投资联系了起来。

我们再来看国际贸易与国际资本流动之间的关系。开放经济体以两种方式与其他经济交易，一是在国际市场上购买或出售商品和服务，二是在国际金融市场上购买和出售金融资产。净的商品和服务交易额体现为经常账户余额。如果经常账户余额为正，则表明盈余；反之，则是赤字。净的国际资本交易额体现为国际投资头寸变化。如果国际投资头寸变化为正，则表明资本的净流出，即本国投资者向国外净输出资本。从国际收支平衡表的会计恒等式，我们可以得到的另一个重要的公式，即经常账户与金融账户资本平衡，即：

经常账户余额 = 国际投资头寸变化

这里的国际投资头寸是指中国投资者在国外的资产总量减去外国投资者在华的资产总量。结合储蓄与投资均衡式，我们可以将国内总储蓄写成：

国内总储蓄 = 国内总投资 + 资本净流出

（二）我国现阶段所面临的内外双重失衡

在了解了这两个均衡后，我们可以来谈我国现阶段所面临的内外双重失衡了。

首先，内循环失衡体现为国内总储蓄与国内总投资之间的失衡。长期以来，中国就是高储蓄率国家。虽然中国的国民储蓄率在 2008 年达到高点后呈现下降趋势，但仍处于高位。2017 年国民储蓄率为 46.2%，是世界平均水平 20% 左右的两倍多。[①] 通过前面的分析，我们已经知道储蓄与投资密切相关。一般情况下，高储蓄率对应高投资，而投资对经济增长具有重要作用。一方

---

① 参见《蔡昉：要关注储蓄率变化趋势，形成与之吻合的经济增长方式》，中国金融四十人论坛百家号，2020 年 10 月 18 日，https://baijiahao.baidu.com/s?id=1680856742517849260&wfr=spider&for=pc。

面，投资可以直接扩大需求，通过需求拉动经济增长；另一方面，投资可以提高经济未来的生产能力，使得社会的产品供给能力增加。因此，投资可以从需求和供给两方面促进经济增长。这种储蓄通过投资作用于经济的效应称为储蓄的经济增长效应。但是这一效应在中国却没能有效发挥。

由于金融市场传导机制不畅通，家庭部门的高额储蓄（资本供给）无法有效地配置到进行固定资本形成（资本需求）的企业部门。虽然国内优质民营企业的投资收益率高，但是无法得到合意的投资，企业不得不严重依赖内部资金或非正规金融对投资进行融资。这不仅使储蓄过剩，还使高质量项目融不到资。最终导致国内总储蓄无法有效地被国内总投资吸收。直接结果就是更多的资本流向国外，产生大量资本净输出。我们知道，居民的可支配收入一部分用于储蓄，一部分用于消费，所以高储蓄又意味着低消费。一方面，高储蓄没有带来高国内投资，拉动经济增长，另一方面又挤出了消费，不利于扩大内需，削弱了经济增长动力。这就是造成内循环不畅通背后的原因——储蓄与投资失衡。

那么，一个随之而来的问题是，向国外输出大量资本究竟好不好呢？这个问题需要用成本收益来分析。事实上，中国巨量的资本净输出并没有给我们带来高收益。从图5可以看出，我国的固定资本投资收益率（反映国外投资者在我国投资获得的收益率）远高于美国，而美国的实际利率（反映金融资本投资收益率）高于我国市场。一方面，我国的对外投资大多集中于相对安全的金融资产，比如美国国债，获取较低收益率。另一方面，由于国外在华投资主要为固定资本形式（FDI），因此实际上中国向国外投资者支付了较高的资本回报率。上述现象表明，在国际资本市场上，中国的投资收益较低，但支出又较高。因此，中国的国际资本净收益持续为负。根据 Wang, Wen and Xu（2017）[①] 的研究，中美两国在固定资本和金融资本收益率上的显著差异，本质上反映了两国在金融发展程度上的差异。中国金融市场发展不完善，

[①] Wang, P., Wen, Y. and Xu, Z., 2017. Two‑way capital flows and global imbalances. The Economic Journal, 127(599), pp.229−269.

导致企业有效资本积累不足和家庭过度预防性储蓄，前者造成中国的固定资本边际回报率偏高，而后者则造成中国的流动性资产回报率（实际利率）偏低。国际收支平衡表中的经常账户主要由净出口和净的要素收入构成。给定经常账户，中国的净资本要素收入长期为负，必然意味着净出口长期为正，因而加剧了国际贸易的长期失衡。

所以，资本净流出导致的金融账户失衡意味着对外商品贸易失衡。中美两国是全球金融与贸易失衡的最主要贡献者。数据显示，中国是世界上最大的外汇储备持有国，截至 2020 年 9 月底外汇储备为 3.14 万亿美元，且大部分为美元资产；中国也是最大的 FDI 接受国，2010—2019 年均利用外商投资 1100 亿美元；中国还是全球贸易失衡的主要贡献者，2005—2019 经常账户年均盈余达 2150 亿美元。而美国则是最大的金融资本输入国与 FDI 输出国，其贸易赤字在 2005—2019 年间达到了年均 5000 亿美元，居世界首位。① 中美两国长期以来的贸易失衡带来了潜在的国际政治不确定性，也是近年来中美贸易战发生的一个重要原因。

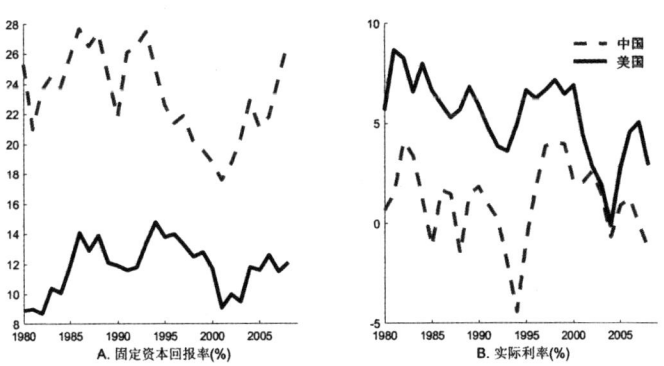

图 5　中美两国资本回报率差异

数据来源： Wang, Wen and Xu (2017) ②。

---

① 数据来源：世界银行 WDI 数据库。

② Wang, P., Wen, Y. and Xu, Z., 2017. Two-way capital flows and global imbalances. The Economic Journal, 127(599), pp.229-269.

值得一提的是，我们之前的宏观均衡分析表明，中美两国金融市场的发展差异是造成中美两国储蓄投资失衡、经常账户与金融账户失衡的重要驱动因素，而与诸如汇率等因素并无理论上的必然联系。因此，以汇率、政治因素等理由将美国的长期贸易逆差归咎于中国政府，无论是理论逻辑还是现实数据，均缺乏依据。当然，另一方面也说明，要缓解中美贸易失衡问题，完善国内金融市场、降低储蓄投资失衡，是较为有效的解决路径。上述分析为2020年中央经济工作会议提出的"构建以国内大循环为主体、国内国际双循环相互促进的新发展格局"提供了理论逻辑。

由于要素市场、金融市场不完备，以及各类造成潜在市场失灵的缺陷，我国国内大循环不畅通，国内消费潜力释放不足，私人部门投资不振，资本净流出严重，对国际循环依赖程度高。因此，我们应畅通国内大循环，刺激消费，鼓励私人投资，充分挖掘我国的内需潜力，也要利用好国际市场，在发展好我国经济的同时繁荣世界经济，实现国内国际双循环相互促进。

四、"双循环"新发展格局的内涵和基础

（一）"双循环"的内涵

"双循环"战略是中央综合考虑我国发展阶段和外部环境做出的重要战略决策，是事关全局的系统性深层次变革，具有深刻而丰富的内涵。

首先，从定位来看，"以国内大循环为主体，国内国际双循环相互促进"是一个中短期的政策目标，是一个过渡期的政策目标，其根本上是为了服务于长期的高质量增长目标，是强国战略的重要一步。

从战略的核心来看，"双循环"战略以满足国内需求作为发展的出发点和落脚点，其重点在于国内经济，即让国内经济的均衡达到一个更好的均衡。理想的均衡应该是帕累托最优的。帕累托最优的配置是指在该配置基础上，无法在不损害其他人福利的情况下，通过重新配置使得至少一个人的福利提

高，因此是最有效率的均衡。然而由于一些结构性问题的存在，我国现在所达到的均衡仅仅是次优的，一些实现帕累托最优的条件没有满足。我们仍然可以进行帕累托改进，实现帕累托效率，达到更优的均衡。

从路径来看，要实现从次优均衡到最优均衡，关键在于改革。党的十八大以来，围绕落实新发展理念、推动高质量发展、扩大对外开放，我们推行了一系列重大改革举措，取得了显著成果。构建新发展格局仍要求我们坚持供给侧结构性改革，通过改革结构，消除各类导致失衡的市场摩擦，优化资源配置，提高发展质量和效益，调动微观主体积极性，促进国内均衡，同时带动国际均衡。

"双循环"战略的重要一环是国内国际双循环相互促进。"双循环"战略提出后，国内外出现了"中国是否要停止对外开放，是否要转为向内发展"的担忧和质疑。关于这一点，习近平总书记在讲话中已经做了明确说明："新发展格局绝不是封闭的国内循环，而是开放的国内国际双循环。"既然是"双循环"，必定包含两层含义，一是以国内大循环促进国际循环，二是国际循环反作用于国内市场，产生良性正反馈。以内循环为主体，畅通国内大循环后，内需潜力充分释放，不仅会增加对本国产品的需求，也会提高消化世界产品的能力，使得进口增加。这一方面有利于繁荣世界经济，另一方面会使得中国的国际地位提高，贸易摩擦减少，形成有利于国内经济健康稳定发展的外部环境。以内循环促进外循环，带动世界经济复苏，这是我们的大国责任与担当。如习近平总书记所说，我国经济在世界经济中的地位将持续上升，同世界经济的联系会更加紧密，为其他国家提供的市场机会将更加广阔，成为吸引国际商品和要素资源的巨大引力场。

(二)"双循环"的内部基础

构建新发展格局，我国已具备了坚实的基础。经过长期发展，我国已经建立了全球最完整、规模最大的工业体系，具有强大的生产能力。目前，我国拥有 41 个工业大类、207 个工业中类、666 个工业小类，是世界上唯一拥有联合国产业分类中所列全部工业门类的国家。工信部数据显示，2019 年我国制造业增加值占全球比重达 28.1%，已连续 10 年保持世界第一制造大国地位。我国独立完整的工业体系及其强大的生产能力从供给层面保障了我国经济的平稳健康发展。

我国具有完善的基础设施。新中国成立后，我国基础设施建设突飞猛进，取得了巨大成就，基建存量已居世界第一。交通基础设施建设方面，交通网络日益完善。根据交通运输部的《2019 年交通运输行业发展统计公报》，2019 年中国铁路营运里程超 13.9 万公里，其中高铁营运里程 3.5 万公里以上，占世界高铁总量 2/3 以上，具有绝对优势。能源基础设施建设方面，电网、管道建设不断完善，西电东送、西气东输等重大工程建设的推进优化了区域间的资源配置。通信基础设施建设方面，我国 5G 技术发展居于世界领先地位。据工信部数据，截至 2020 年 9 月初，我国已建成 5G 基站超过 48 万个，5G 网上终端连接数已超过 1 个亿。完善的基础设施是我国经济社会发展的强有力支撑，将成为国内经济循环的坚实基础。当然，良好的基础设施只是高质量发展的必要条件，经典内生增长理论表明（参见第二章讨论），要使得宏观经济体有可持续增长动力，核心技术进步和人力资本积累必不可少。因此，在未来的发展阶段，强化国家战略科技力量、鼓励创新前沿技术、培养高科技人才、实施关键核心技术攻关工程尤为重要。

在劳动力供给方面，我国具有多样化的劳动力结构。得益于庞大的人口总数以及教育事业的蓬勃发展，我国既有从事低技能劳动的低端劳动力，也有 1.7 亿多受过高等教育或拥有各类专业技能的中高端人才。根据《中国劳动统计年鉴》，2018 年，我国就业人口中，接受过中高等职业教育以及具有大学本专科或研究生学历的占 25% 左右，初高中学历的占 55.9%。小学学历和未受过教育的就业人员分别占 16.4% 和 2.3%。除了技能水平的多样化外，不同领域人才的学科背景也呈现多元化。以科技人才为例，《中国科技人力资源发展研究报告（2018）——科技人力资源的总量、结构与科研人员流动》显示，工科背景的科技人才占 54.1%，比例最高，其次是医学，占 12.6%，理学、经济学和管理学背景的占比也较高，均占 7% 左右。多样化的劳动力结构满足了不同产业对劳动力的需求。

以上是我国在供给层面所具备的坚实基础。从需求层面看，我国具有超大市场规模。我国包括 4 亿多中等收入群体在内的 14 亿人口形成了庞大的内需市场，充分挖掘并释放这部分消费潜力，将为我国经济发展注入巨大活力。新型工业化、信息化、城镇化、农业现代化进程的迅速推进，也产生了巨大的投资需求。我国的内需规模足以支撑我国"以国内大循环为主"的发展模式。此外，在制度方面，我国具有比较优势。我国既有市场经济的资源配置体制，也有强大的国家意志。这一混合模式使得我们既能达到效率上的改进，又可以避免一些西方国家因为政府力量比较弱在某些重大事项上无法达成一致的弊端。我国的社会主义制度优势保证了我们能够集中力量办大事。在重大项目建设上，国家力量集中财力、物力和人力，引导各方力量劲往一处使，产生集聚效应，发挥"1+1>2"的效果，能够高效且高质量地完成一些看似不可能实现的复杂项目建设。2019 年，被英国《卫报》评为"新世界七大奇迹"之首的北京大兴机场建成投入使用。在四年多的时间里，几万建设者参与建设，创下了多项世界纪录，世界上最大的航站楼、世界上施工技术难度最高的航站楼、全球第一座高铁从地下穿行的机场等，这项超级工程向世界展示了"中国速度"和"中国力量"。

五、构建"双循环"新发展格局的两大抓手

通过前面分析，我们可以发现，消费和投资是构建新发展格局的两大重要抓手。畅通国内经济循环，实现国内国际"双循环"相互促进的关键在于刺激国内居民消费，鼓励私人投资，以充分释放内需潜力，为经济循环注入动能。

（一）畅通"双循环"：消费

促进居民消费可以从需求端和供给端两方面入手。所谓需求，是指能负担得起的需要。因此，从需求端促进居民消费要靠提高居民的消费能力。消费等于可支配收入与储蓄之差。所以，提高居民消费能力可以从收入和储蓄两方面入手。

凯恩斯理论表明，边际消费倾向递减，即随着收入增加，增加的收入中用于消费的比例逐渐降低。根据这一规律，穷人的边际消费倾向要高于富人的边际消费倾向。贫富差距越大，居民总体的消费能力越低。改善收入分配可以有效地促进居民消费。基尼系数是衡量收入差距的重要指标，基尼系数越高，说明收入差距越大。图6展示了我国基尼系数的变化。可以看出，2010年至今，我国的基尼系数一直在0.4以上。按照国际惯例，基尼系数在0.4~0.5之间表示收入差距较大。目前，我国的贫富差距仍然较大，我们还有巨大潜力改善收入分配，提高居民消费能力，为国民经济循环增添新动力。

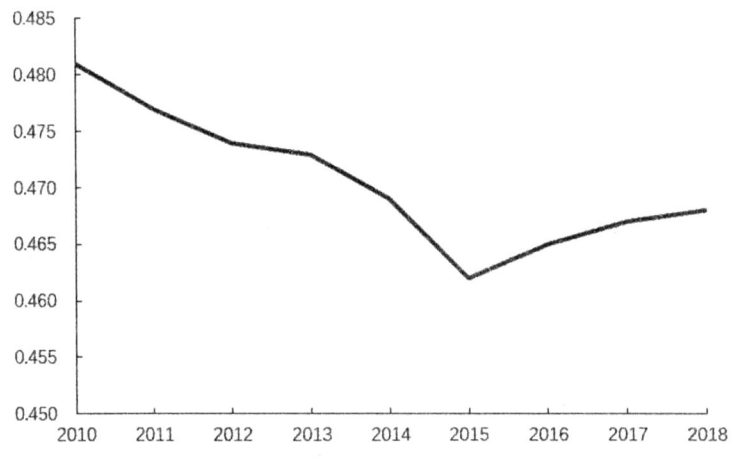

图6　2010—2018年中国基尼系数

数据来源：《中国住户调查年鉴》。

市场经济条件下的收入分配包括三次分配。第一次分配是指劳动力市场的初次分配。根据福利经济学第一定理，竞争性市场下实现的配置是帕累托有效的。但竞争性市场下实现的有效配置不一定公平。福利经济学第二定理告诉我们，如果消费者的偏好满足一定条件，任一帕累托有效的配置都可以是竞争性均衡。因此政府可以通过再分配将收入分配为所需要的水平，维护公平。由政府主导的再分配即为第二次分配。第三次分配是指道德力量推动的慈善事业机制。这里我们主要关注前两次分配。

　　在初次分配中，收入的不确定性是影响收入分配公平的一个重要因素。近年来，我国经济增长已经迈入新的阶段，发展速度放缓，经济走势的不确定性提高。不确定的经济形势加剧了居民收入的不确定性。而收入不确定性越高，收入分布的离散程度也就越高，这意味着处于收入分布两端的富人和穷人数量越多，收入分配的不公平程度越高。因此，政府应发挥货币政策和财政政策的作用，进行有效的宏观调控，保持经济平稳健康发展，减少收入的不确定性，以增强微观主体的信心。再分配环节的社会保障制度素有社会发展的"稳定器"和居民收入的"调节器"之称。建立完善、公平和有效的社会保障制度，在收入冲击发生时对低收入人群提供帮助，保障居民的基本生活需求，也可以有效降低居民收入的不确定性。再分配除了能通过降低收入的不确定性改善收入分配外，还可以直接对收入分配发挥作用。根据发达国家的经验，在高收入阶段，再分配能够有效降低收入不均。经合组织国家的数据表明，平均而言，再分配把平均的基尼系数缩小了35%。[①]因此，应加大再分配力度，有效改善收入分配，为国内经济循环提供支撑。一方面，进一步完善基本公共服务体系，推进基本公共服务均等化，使全体公民能够公平可及地获得大致均等的基本公共服务；另一方面，用好税收和转移支付手段，完善个人所得税和财产税等对收入分配有较大调节作用的税种的征收，

---

① 蔡昉：《深刻剖析中国"双循环新格局"》，中国城市中心澎湃号，2020年9月6日，https://m.thepaper.cn/newsDetail_forward_9059314。

健全转移支付制度，在保持高收入群体积极性的同时，改善中低收入群体的福利。

在需求端，除了收入会对居民消费水平产生影响外，储蓄也是一个重要因素。在可支配收入一定的情况下，储蓄越多，消费越少。预防性储蓄理论认为，为了避免未来可能出现的风险导致的消费下降，消费者会减少当期消费，增加储蓄。收入的不确定性越高，消费者出于预防动机会进行越多储蓄，越不利于消费水平的提高。同前面的分析，政府应该用好宏观调控手段，完善社会保障制度，降低收入的不确定性，从而降低居民的预防性储蓄动机，促进当期消费。

一般均衡理论和内生增长理论表明，供给端的反馈机制能够对刺激消费产生积极作用。在供给侧进行结构改革、创新升级，创造出新的消费产品、新的技术或新的消费模式，如果能够满足消费者尚未实现的需求或者超前于消费者的需求，创造出新的、消费者尚未意识到的需求，则可以实现创造市场、引领市场。这也就是供给创造需求在现实生活中的实现。正如党的十九大报告强调的，我国当前的主要矛盾是人民日益增长的美好生活需要和不平衡不充分的发展之间的矛盾。随着社会进步和生活水平的提高，人们越来越追求高品质的消费品。然而我国企业的供给水平还不能很好地满足已经变化了的消费者需求，不能很好地服务于国内庞大的消费潜力。因此，促进"双循环"战略需要在供给侧进行改革，鼓励创新升级，发展消费新业态，以优质的供给带动消费升级，满足消费者多样化、个性化的需求，从而促进国内居民消费的增长。

◆ 案例：消费新业态——电商直播的强大带货能力

近年来，电商直播在中国以令人瞩目的速度迅速崛起，成了推动消费的"新引擎"。根据商务部数据，2020年上半年，全国电商直播数量超过1000万场，40多万活跃主播参与直播，观看人数超过

500亿人次,上架商品数量超过2000万。直播销售对供给者和消费者来说是双赢的。电商直播能够在短时间内聚集大量潜在消费者并实现大规模成交,具有规模效应,降低了平均成本,使得供给者可以以较低的价格出售商品,同时又能够获得大量收入。对消费者来说,他们可以以低价格获得商品,同时主播的筛选和推荐又节省了他们挑选商品的时间,金钱成本和时间成本均降低。除了低价优质的商品,直播还给消费者带来了陪伴式购物体验,增强了消费者的参与感。消费者能够从消费中获得更高的效用。促进居民消费要继续优化数字消费平台,发挥其带动消费的强大能力,为消费增长提供新动能。

(二)畅通"双循环":私人投资

除消费外,私人部门投资也是促进"双循环"战略的关键点。前面的现状分析部分揭示了我国面临私人部门投资意愿下降的问题,这给稳定经济增长和畅通国内经济循环带来了压力。从成本收益的角度看,企业的投资决策是由融资成本和投资回报率共同决定的。融资成本与金融市场的健全程度密切相关。虽然我国的储蓄率较高,但是由于金融市场不完善,这部分资金不能很好地匹配给需要资金的优质民营企业,民营企业面临融资难和融资贵的问题。因此,要提高企业投资意愿,需要消除金融市场摩擦,提高金融市场的资源配置效率,降低企业的融资成本。关于企业融资问题,我们将在第十章详细讨论,这里不再展开。

企业投资的最终目的是获得收益。在成本一定的情况下,收益越高,企业越有动力进行投资。因此,提高投资回报率也是提高企业投资意愿的有效手段。投资回报率是企业从投资活动中获得的经济回报。投资回报率的高低与要素市场的资源配置效率和企业商品的流通效率密切相关。

2020年4月9日,中央出台《关于构建更加完善的要素市场化配置体制机制的意见》，强调了要素市场化的重要性，并提出了一系列推进要素市场化改革的举措。发展完善要素市场，促进要素的有效配置，可以有效降低企业的生产成本，提高企业的投资效率。除了前面提及的资本市场（资本市场是金融市场的重要组成部分），劳动、土地、技术和数据市场也是重要的要素市场。在发展劳动力要素市场方面，要推动劳动力资源的市场化配置，消除劳动市场的摩擦，并推进户籍制度改革，放宽户籍制度，促进劳动力资源的流动和人才引进，使劳动力流向能够发挥自身最大价值的地方，并获得与自身价值相匹配的报酬，从而激发劳动者的积极性，实现劳动力资源的高效配置。劳动是企业重要的投入，劳动者的积极性提高后，企业可以更高效地生产产品和提供服务，获得更高收益。在推动土地要素市场化配置方面，推动不同用途土地之间的转化，将土地用于能够发挥更大作用的地方，同时建立跨区域的统一交易市场，将剩余的土地配置到土地短缺的地区，实现土地资源的有效配置，促进供求均衡。土地要素市场的完善可以有效降低企业的用地成本。在培育和完善技术要素市场方面，一方面要加大知识产权保护力度，保障企业的创新成果；另一方面要加快科技成果转化，使新技术能尽快应用于生产。通过技术创新，企业可以提高生产效率，向市场提供优质的新产品，增加收益。数据要素作为一种新兴的要素，给企业带来了新的机遇，对经济发展的贡献不断增大。关于这部分的讨论请参见第五章。发展完善要素市场，提高要素市场的资源配置效率，可以提高企业的投资效率，提高社会的全要素生产率，有效解决以往粗放型发展模式下产生的产能过剩问题，释放资本的力量，推动经济高质量发展。

除了要素市场的完善程度外，商品流通效率也会对企业投资回报率产生重要影响。流通环节是国民经济循环中连接生产和消费的重要一环，在国内循环和国际循环中都具有基础性作用。虽然我国的流通体系已经有了很大的发展，但还存在较大的改进空间，我国的物流成本与发达国家相比仍然较高。未来，要推进建立现代流通体系，一方面要将流通体系的发展与数字化和智能化相结合，提升硬件和软件建设水平，为企业的生产活动提供有力支撑；另一方面要消除地区市场分割，打通商品和要素流通，建立全国统一大市场，降低流通成本。在现代物流体系的支撑下，企业的流通成本将显著降低，投资的回报率上升，投资意愿提高。

围绕刺激国内居民消费和鼓励私人实业投资，打通生产、分配、流通和消费等国民经济循环的主要环节、消除阻碍循环的摩擦，是构建新发展格局的战略重点，也会为我国高质量发展提供助力，为建设社会主义现代化强国奠定坚实基础。

六、本章小结

构建"以国内大循环为主体，国内国际双循环相互促进"的新发展格局，是我国在新发展阶段提出的重要战略部署，对我国未来经济社会发展具有重要影响。本章通过经济学视角的分析，识别出我国目前存在储蓄与投资的内部失衡以及金融账户和商品贸易的外部失衡。内外双重失衡下，我国面临消费潜力释放不足、私人部门投资不振的问题，导致国内经济循环不畅通，对国际循环依赖度过高。因此，实现"双循环"新发展格局，需要重点关注消费和私人投资领域。一方面，要在需求端通过改善收入分配，降低收入的不确定性提高居民消费能力，同时在供给端进行结构性改革，提高供给体系质量和水平，以供给创造需求，从而刺激家庭消费；另一方面，需要提高资本、劳动、土地、技术和数据要素市场的资源配置效率，建立现代化流通体系，从而降低企业的融资成本，提高投资回报率，进而提升私人投资意愿，促进高质量投资。

第二章

发展新动能——技术与经济增长

一、关注缘由

2020年6月30日,习近平总书记主持召开中央全面深化改革委员会第十四次会议,并发表重要讲话。这次会议深刻阐明深化改革在党和国家事业发展全局中的重要作用,特别强调对新生事物和新动能的培育和呵护,提出"要加强鼓励和引导,让新生事物健康成长,让发展新动能加速壮大"。2020年中央经济工作会议也指出:"要更加注重以深化改革开放增强发展内生动力"。

发展动能,可以说是宏观经济学所关心的最为重要的问题之一。从历史上看,有的国家实现了长期稳定的增长,如美国;有的国家长期在低水平的经济发展中徘徊不前,如津巴布韦;有的国家在经济发展中实现了一个个跨越,在短时间内实现了经济腾飞,如新加坡;而有的国家却在一段时间的增长之后,陷入了所谓中等收入陷阱,如巴西。是什么原因造成了这些差别?经济发展的动能是什么?在今天,我们强调发展新动能的重要意义是什么?我们在本章中会讨论这些问题。

我们会首先回顾宏观经济学关于增长理论的讨论,重点是阐释技术与经济增长的关系。然后以这些理论为基石,讨论政府如何通过政策手段促进技术创新,提出一些实现新旧动能转换的政策建议。在这之后,我们将简要回顾改革开放以来我国从技术引进到自主研发的转变过程,并辅以汽车行业发展的一个案例来帮助深化对这一过程的理解。

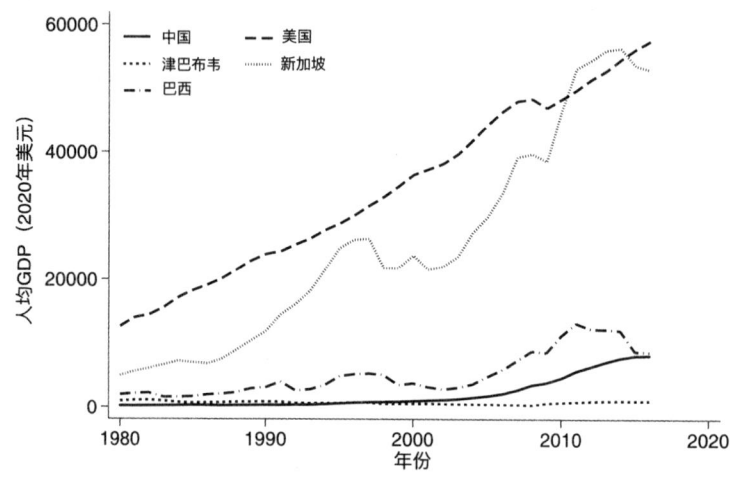

图 1 五个代表国家的经济增长

数据来源：世界银行。

二、理论回顾：从马尔萨斯到罗默

（一）马尔萨斯的预期

在工业革命以前，土地和劳动力是最重要的生产要素。当土地可以自由使用时，随着人口的增长，人们可以不断开垦新的土地，扩大种植面积，如中世纪欧洲的边疆运动和 18 世纪末 19 世纪初美国的西进运动。然而，当可用的土地被开垦殆尽，人口增长就会对经济增长提出新的压力：越来越多的人只能拥挤在有限的已经开垦的土地上劳作，同时，单个劳动力的产出由于土地的限制也越来越低，最终造成真实收入的下降。最坏的情况是，人们的工资水平将会降低到能维持生存水平的最低状态。基于这样的想法，生活于 18 世纪的英国经济学家托马斯·罗伯特·马尔萨斯对经济增长有着极为悲观的预期。

根据马尔萨斯的观察，由于两性的情欲会维持现状而肥沃的土地等其他生产要素数量有限，于是"人口的增值力无限大于土地为人类提供生产生活资料的能力。人口若不受到抑制，便会以几何比率增加，而生活资料却仅仅以算数比率增加。懂得一点算术的人都知道，同后者相比，前者的力量多么巨大"。马尔萨斯推断道：一旦工资水平高于最低生存线，人口将会增长，同时工资水平被压低；相反，当工资水平低于最低生存线时，饥荒、瘟疫和战争等因素则会使得死亡率升高，人口随之下降，工资水平也随之拉升。因此，工资水平只能长期维持在最低生存线上，工人阶级也注定只能在生存线上度过一种野蛮而肮脏的生活。

然而，以上的结论却取决于两个重要的假设。其一，如若没有外界资源的限制，"两性间的情欲"将会导致人口以指数形式增长。而今天的实际情况是情欲与人口增长之间的联系已经被现代生育控制手段所打破。其二，也是我们极为关注的一点，尽管在其著作《人口原理》成书的年代工业革命已经如火如荼地展开，但他却没有预见到人类技术的进步足以抵消人口增长的效应。马尔萨斯没有想象到，虽然土地资源是有限的，但农药、化肥、新作物品种甚至机械化的生产能使得一个农民养活更多的人。

与马尔萨斯几乎同时代的经济学家亚当·斯密则窥见了技术进步对经济增长的促进作用。斯密在其巨著《国富论》中提出，劳动分工和资本积累是推动一国财富增长的主要因素。斯密认为分工有助于提高工人的熟练程度，节约不同工作之间的转换时间。同时，分工使得生产程序简化和程序化，就更有可能产生利于提高生产率的机械发明。

（二）索罗的新古典增长模型

第一次工业革命带来了新的动力来源和生产技术，大规模、分工化的生产极大地提高了效率和产量，铁路和轮船则把遥远的世界连接在了一起。第二次工业革命则使得电力、电话、汽车等行业迅速成长起来。自此，从劳动生产率的角度来看，工业革命后的人类历史，进入了一个全新的阶段。资本积累和技术进步也成为影响经济发展的支配性力量。

根据经济史学家安格斯·麦迪逊的估计，公元 1000 年时全世界人均 GDP 约为 435 美元，1820 年上升到 667 美元，800 多年里只增长了 53% 左右。西欧作为第一次工业革命的主要发生地，在同一时期内人均 GDP 从 400 美元增长到 1232 美元。而从 1820 年到 1998 年的不到 200 年里，世界人均 GDP 却由 667 美元增长到 5709 美元。参见图 2：

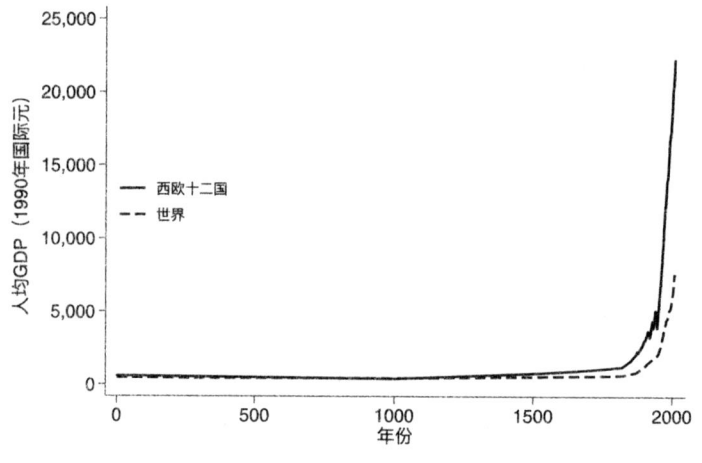

图 2　工业革命和经济增长

数据来源：Maddison Project Database。

随着技术世界的急剧变化，经济学家也建立了许多理论来试图解释技术在经济增长中所起的作用。其中最有代表性的是新古典增长模型和内生增长模型。

新古典增长模型由麻省理工学院的罗伯特·索罗提出。他因为这一理论和其他对经济增长理论的贡献，于 1987 年获得了诺贝尔经济学奖。时至今日，新古典增长模型依然是理解经济增长过程的基本工具。该模型得出的重要推论是：资本深化和技术发展是人均产出增长的重要力量，然而长期来看，如果没有技术的进步，资本深化终将停止。因此，技术进步在（特别是发达经济体）长期经济增长的过程中起着决定性作用。

在模型的假定中，经济体使用劳动力和资本生产产品，产出可以用来再投资增加生产性资本（如修建厂房、更新设备），也可以用来消费。当不存在技术进步时，人均产出由人均资本存量确定，并且随着资本深化的过程，人均产出也会增加。例如，农民使用收割机以减少收获季节所需要的人力，装配工厂新投资了流水线从而减少工人的数量，银行使用大量的自动取款机以减少雇用柜员的数量。其结果是，随着人均资本数量的上升，单个农民能完成更大面积的收割工作，单个工人能生产更多产品，单个银行职员所能提供的服务也更多。

然而，资本深化的过程不会一直持续下去。一方面，随着资本深化的持续进行，劳动力的生产率虽然能得到提高，但资本的收益率会逐渐下降，从而使人均资本的积累过程放缓。从具体生产过程来说，一个农民拥有的第一台收割机能带来劳作效率的巨大提升，但他的第二台收割机所起的作用就没那么大了：因为他不能同时操作两台收割机。从投资过程来说，最有价值的投资项目总是最先实施，而越靠后的项目，价值也就会越小。影响资本深化过程的第二个因素在于，随着资本存量的扩大，产生折旧的资本也就会越多，同时人口的增长也会进一步拉低人均资本存量。最终会发生什么呢？当资本回报率足够低，新增人均资本量将不能超过折旧和人口增长的效应，资本深化过程也就会停止。此时，经济将进入一种稳定状态，实际工资和资本收益率都将维持稳定。

这样的结论仍然是令人悲观的：当没有技术变革时，长期人均产出和实际工资的增长都将停滞。与马尔萨斯相比，索罗的新古典增长理论充分发掘和尊重了资本的作用，但是它同时指出，资本深化作为经济增长的动能是有限度的。当经济增长到一定程度后，资本的边际回报率降低，经济增长必然停滞。既然资本不能带来经济的持续增长，那么经济持续增长的动力到底在什么地方呢？

为了解开这个谜题，索罗引入了技术变革这个关键变量。技术的创新和广泛应用,会使得资本深化的过程持续进行下去,这样人均产出的增长也就不会陷入停滞。例如,农民将他的普通收割机更换为功能更加丰富的联合收割机,工厂在流水线上升级安装机械臂,银行将一些自动取款机更新为业务覆盖能力更强的智能柜员机。这样,新技术的引入使得人均产出有进一步的提高,资本深化过程也能持续进行下去。

(三)罗默的内生增长理论

虽然新古典增长模型说明了技术进步在经济增长中所起的作用,但并没有说明相关的动能从何而来。后期的增长理论则开始关注技术变革的源泉。其中最具代表性的就是于2018年获得诺贝尔经济学奖的保罗·罗默提出的内生增长模型。在模型中,新动能的产生来源于经济体中研发部门为追求利润而做出的努力。然而,当我们把技术作为一种产品来进行考量和分析的时候,就需要考察技术的一些独有特征。在本节接下来的部分,我们会详细阐述这些特征,并简要介绍罗默模型的关键结论,以启迪我们关于政策的讨论。

首先,新的技术具有非竞争性。新技术的开发往往伴随着高额的前期投入。如爱迪生在找到合适的灯丝材料前经历了数千次实验,当今一项新药的研发成本动辄数亿甚至数十亿美元,一款新软件的开发也需投入大量的人力物力。然而,当一项新技术被开发出来之后,使用它的成本却相当低廉:第一个电灯被生产出来之后,后续的电灯就能以非常低的单位成本被持续生产出来。同样,当一款新药或者新软件被成功开发,之后就能以相当低的单位成本批量生产。在经济学中,这样的性质被称为"非竞争性",即新技术可以同时被很多人使用而不怕被用光。一旦一个新技术被创造出来,任何知道这项技术的人都可以使用它,而不用再投入研发成本去重新"生产"这项技术。非竞争性意味着即便一项新技术有着高额的研发成本,厂商也能以较低的边际成本生产蕴含这项新技术的产品。

新技术的非竞争性意味着,如果市场体系中的新技术研发者面临比较激烈的行业竞争，就很难从开发出的新技术上取得足够的回报。这个时候，企业或者个人就没有动力去进行技术的研发了，最优的策略成了坐等别人研发，自己等待仿制。因此，我们需要考虑新技术的第二个特征：排他性。一种商品的排他程度是由这种商品的所有者能够对其使用进行收费的程度决定的。不同类型的新技术所具有的排他性也不尽相同。有的新技术有很强的排他性，比如，设计出新的航空发动机的企业可以在一段时间内保证其产品不被其他企业模仿制造。但另外一些新技术就面临着截然不同的境况。比如，一款软件一旦被破解，就能被无限免费分享。当一项新技术的排他性较弱时，开发这项技术的企业就将面临比较激烈的竞争，难以从其开发的新技术中获取合理的回报。因此，当一些新的技术或创新不具有很强的排他性时，开发者会天然地缺乏动机去研发它，从而造成供给不足。

在罗默模型的设定中，技术进步表现为生产者所使用中间品的种类不断增多。中间品的种类越多，最终的产出也就越高。而技术进步则源自研发者为了赚取利润做出的努力。模型中技术的非竞争性体现在技术的使用者一旦从研发者手中购得专利之后，就不需要再为新技术的使用支付其他的费用（包括重新开发的成本）。同时，技术的排他性体现在中间品部门被赋予了垄断权力以保证他们能从研发中获取足够的利润。然而，罗默模型的结论告诉我们，即使研发者被赋予了垄断的权利，新技术也仍然存在外部性。在这种情况下，研发者并不能够完全享有新技术带来的所有收益，因此市场自发形成的研发规模仍然是低于最优水平的。具体而言，技术的外部性有三种表现形式。第一，当中间品厂商出售承载着新技术的中间品时，并不能榨干其中蕴含的所有收益。也就是说，开发新技术所获得的一部分收益流入了最终品厂商，而非研发者。第二，由于不同中间品在生产最终产品时可能是相互促进或相互替代的，新技术的出现会增加或削减已有技术持有人的利润，而新技术开发者并未从中获利或遭受相关损失。第三，现有技术可能会促进新技术的开发，然而现有技术的持有人并不能直接从开发的新技术中获取利润。

因此，完全分散化的市场配置会造成研发不足的问题。

三、寻找新动能：政府的作用

当前我国人口红利基本消失，部分产业产能过剩等结构性问题持续存在，经济发展进入新常态，国际上民粹主义抬头，逆全球化趋势兴起，我国的经济面临严峻的国内和国际形势。因此，进一步的发展就要求我们释放创新动力，促进技术进步，培育经济发展的新动能。党的十九届五中全会指出，要"坚持创新在我国现代化建设全局中的核心地位，把科技自立自强作为国家发展的战略支撑，面向世界科技前沿、面向经济主战场、面向国家重大需求、面向人民生命健康，深入实施科教兴国战略、人才强国战略、创新驱动发展战略，完善国家创新体系，加快建设科技强国。要强化国家战略科技力量，提升企业技术创新能力，激发人才创新活力，完善科技创新体制机制"。只有这样，经济增长的动能，才能像活水之泉一样源源不断，有持续的生命力。

上一节的理论回顾给了我们两个重要启示：第一，技术进步是经济长期增长最重要的动能。第二，完全的市场配置可能造成研发较弱、动能不足的问题，因此需要外部力量的介入来修正相关的问题。值得注意的是，之前的理论讨论中，我们都将新技术的开发过程看作是没有摩擦的。然而实际情况要更加复杂。除了外部性造成的非效率外，技术的研发还面临失败风险高、投入与回报周期不匹配等问题，如果没有合适的机制帮助研发者克服这些困难，研发的积极性也会受到不小打击。然而政府在培育新动能过程中，却有很大的发挥空间。

首先，我们已经知道，如果市场中新技术的研发者不能保证自己的垄断地位，激烈的市场竞争将会严重打击研发者的积极性。所以，政府可以通过知识产权保护，保护技术研发者的排他使用权，使之能够在相当长的一段时间内拥有技术的排他使用权。也就是说，要做好知识产权的保护工作，从而让那些以盈利为目的的发明者获得足够的经济激励。比如，一项新药被开发出来后，专利保护往往允许开发企业在保护期内对市场上的同类产品进行打击，保证开发企业的垄断地位，从而能给药物定比较高的价格，以此赚回药物的开发成本。同时，为鼓励技术交易，还应当建立完善的知识产权交易体系。事实上，以1993年诺贝尔经济学奖得主道格拉斯·诺斯为代表的一些经济学家认为知识产权的发展是现代经济增长的重要原因。诺斯在《经济史中的结构与变迁》中写道："我们可以看到新技术不断地被开发出来，但步伐缓慢，时有间断，主要的原因在于对发展新技术的激励仅仅是偶然的。通常，创新可以被别人无代价地模仿，而发明创造者得不到任何报酬。直到现代，不能在创新方面建立一个系统的产权仍是技术变化迟缓的主要根源。"

然而，有些科学研究的工作，天生地或者从公共利益的角度出发，具有非排他性，这时候就需要政府的介入。一个典型的例子是基础研究。从事数学、自然科学、社会科学基础研究的工作者通常会通过发表文章、学术交流等方式积极共享他们的学术成果，从而使得学术成果不具有排他性。另外，与企业开发一种新产品不同，基础研究往往在短期内很难产生市场价值，但是对长期发展却有着重大的作用。非排他性和回报期限较长的特征决定了研发者难以从市场获得合理的报酬。因此，一般企业缺乏动机进行基础性的研究。这就需要政府出面，通过设立一些诸如大学、研究所等非营利性的研究机构，同时为从事基础研究的机构和个人提供资金和补助、给予政策优惠等来支持基础研究。在这方面，政府的直接投入就会变得至关重要。我们国家的自然科学基金，就是很好的例子。2020年中央经济工作会议进一步指出："要发挥新型举国体制优势，发挥好重要院所高校国家队作用，推动科研力量优化配置和资源共享。"在对大学等机构给予直接支持的同时，政府还应当给予大学较为宽松的制度环境，形成包容创新和学术争鸣的良好氛围。1991年诺贝尔经济学奖得主罗纳德·哈里·科斯就认为自由的思想市场的缺失是对科技创新的重要打击。与此同时，政府还需要促进学界研究与产业研究和应用的融合，让学术界研究成果最快转化为社会生产力，这样也能为学术界创新者提供及时的反馈和激励。美国马萨诸塞州剑桥市的肯德尔广场就凭借学术和业界的深度融合，在过去半个多世纪的时间里从一片废弃的半工业区域发展成为知名的生物医药创新高地。肯德尔广场紧邻麻省理工学院（MIT），20世纪60年代，在当地政府的推动下，MIT收购了当地的一片厂房，将其作为学校与工业界结合的办公区域。之后，大量的医药巨头和初创企业开始在这里聚集。这些医药公司吸收来自MIT实验室的创意，并就地进一步验证和发展这些创意，寻找投资及收购机会。随着科技企业和风险投资机构的相继入场，肯德尔广场逐渐形成了一个高校、初创企业和大企业混合的生态圈。如今，这片一平方英里的区域已经发展成为全球知名的创新创业中心。

其次，政府可着力在强化产权保护的同时简化审批流程手续，维护市场秩序。过度的行政干预和介入，烦琐的审批手续甚至互相打架的规章制度本质上增加了企业的成本，压制了企业作为市场创新主体、技术创新主体的主动性和创造性。过度的管制和干预还为少数人提供了利用特权进行不平等竞争从而获得超额收益的机会。美国经济学家克鲁格将这种超额收益称作"租金"，而把谋求特权以取得"租金"的活动称为"寻租"。很多学者都注意到了在中国过去的发展过程中，一些政府官员存在着"寻租"行为：提供某些规则上的变通或优惠，进而向企业换取一定程度的收益。这样的行为不仅滋生腐败，还导致不公平。有的时候，这种"寻租"行为还会引致一些非效率的结果：企业为了获取"租金"，往往需要支付一定的费用，这就让有的企业因为相关成本望而却步；"寻租"行为引入了市场的不正当竞争，打击创新创业者的积极性；一些官员在引资过程中与企业合谋，造成基础设施的过度投资；等等。当前，民营企业在技术创新的过程中扮演着越来越重要的角色，通过从根本上简化流程、稀释寻租空间来激发企业的创新活力就变得尤为重要。《中共中央关于全面深化改革若干重大问题的决定》就指出，要"进一步简政放权，深化行政审批制度改革，最大限度减少中央政府对微观事务的管理，市场机制能有效调节的经济活动，一律取消审批，对保留的行政审批事项要规范管理、提高效率；直接面向基层、量大面广、由地方管理更方便有效的经济社会事项，一律下放地方和基层管理"。

最后，政府可进一步促进金融机构发展，惠及更多民营及中小企业，提升金融体系抗风险能力，给予研发者融资和分摊风险的支持，引导金融市场充分发挥价值发现的功能。新技术的开发初期投资较高，而回报周期往往又较长。成本和收益在时间上的错位天然提出了对金融服务的需求。作为新技术研发的重要力量，中小企业往往难以在传统银行体系中顺利融资，这就提出了发展普惠金融的需求。政府可通过支持风险投资和私募投资等融资方式的发展，为高科技项目和各种创新型项目提供资本支持。例如，济南高新区与中关村共建互联网产业园，打造了集登记、监管、结算于一体的大数据平台，对融资平台的资金流量、区域定位进行科学管理；同时，济南高新区还上线了"高新金融大脑"政府公共服务平台，促进政府金融主管部门及时掌握辖区内企业融资需求，有针对性地开展线下银企对接活动，大大提高了实体企业融资效率。另外，新技术的研发有很大的失败可能性，而后期的测试和商业应用也充满不确定性，需要充足的风险保障。当一个新技术研发或商用失败后，投资者很有可能难以收回投资。这相当于把研发者的风险转嫁到了金融体系当中。因此我们需要金融机构和金融体系有相当的鉴别项目和抵抗风险的能力。政府还可以通过监管、引导等方式，促进金融市场观念的转型。金融机构和体系不应该充当短期套利甚至是"割韭菜"的机会主义者。相反，金融体系应当充当真正的知识创新活动的发现者和支持者，对市场中真正有价值的创新行为和成果给予充分支持和激励，培育技术发展和革新的动能。

◆ **案例：张维迎和林毅夫的产业政策之争**

2016年，两位著名的经济学家张维迎和林毅夫针对产业政策进行了长时间的讨论。他们的讨论内容与政府和市场的关系以及如何培育新动能息息相关。在这个案例中我们列举一些两位教授的主要论点,希望对政策实践有一定的启发。

张维迎认为,产业政策的失败不是偶然的,而是必然的。其中的原因大概可以归纳为两点:第一个原因是人类认知能力的限制。由于新技术和新产业的产生和发展是不可预见的,政府没有办法预想一个产业的发展前景从而加以合适的扶持。第二个原因则是激励的扭曲。与企业家自己承担收益和损失不同,政府官员需要承担更多失败的责任,而能从成功的政策中获取的直接货币收益有限,因此政府官员可能更加倾向于回避风险,从而没有办法制定最优的政策。同时,产业政策还可能带来一系列的寻租和腐败行为。

林毅夫则认为,技术创新和产业升级不仅仅依赖于企业自身的努力,还需要政府帮助企业家克服外部性及相应的软硬基础设施协调的问题。尝试新技术的企业需要承担大量的风险,但又不能完全享有成功产生的全部收益,这就需要政府给予第一个吃螃蟹的企业家一定的激励。同时,在新产业发展壮大之时,政府需要动员相关的法律法规和分散风险的金融体系等软环境和交通、电力等基础设施与之匹配。林毅夫认为,好的产业政策应该支持具有潜在比较优势的产业,使其迅速成为具有竞争优势的产业。

四、技术进步:一个历史的视角

改革开放以来,中国经历了翻天覆地的变化,在短短几十年内,完成了发达国家两三百年的工业化进程。这看似是一个索罗增长模型中资本深化的过程,但资本的积累与资本中蕴含的技术进步是密不可分的。正如经济学家文一所写:"西方经济学界(包括受西方理论影响的国内学术界)一个普遍的错觉就是中国过去35年的超高速增长纯粹是靠高投资(资本积累)拉动,而不是靠技术进步。因此，按照新古典索罗增长模型，中国的高增长是不可持续的。这个看法十分偏颇和具有误导性。所谓技术其实是嵌入有形资产中的（机器、工具、基础设施等），不可能单独、孤立于生产工具之外而存在（除非在抽象的索罗模型中）。因此，在高投资下的快速资本积累是唯一实现迅速技术进步和产业升级的方式。"事实上，中国在逐步实现资本深化的过程中，从一穷二白，到逐渐引进外商的技术和资金，最后在很多行业实现弯道超车，在世界上确立了领先地位，这其中蕴含了深刻的技术变迁过程。

新中国成立伊始，面对一穷二白的国内环境，面对西方国家的封锁禁运，面对随时可能爆发的地缘政治危机，为了尽快保障国家安全，我国效仿苏联选择了一条优先发展重工业的工业化道路。从"一五"计划开始（这一时期苏联通过156项重工业项目对中国进行了历史性的大规模援助），我国在短时间内建立了比较齐全的工业门类，在很多重要的工业和科技领域都取得了一系列重大成就。这一时期，除了苏联的技术援助，我国主要采取国家主导的计划体制来指导和支持科学技术的发展。针对科技进步过程中的重大目标和项目，通常由国家出面组织优秀科技工作者进行集中攻关。"两弹一星"、人工合成结晶牛胰岛素等一系列科技成果都是这一时期的产物。工业结构的扭曲也成为这一时期的重要特征。根据国家统计局的数据，"一五"到"四五"期间，我国重工业投资占到总固定资产投资的40%以上，而同时期轻工业的投资仅占总固定资产投资的6%左右。

20世纪70年代尼克松访华之后，中国与西方国家的关系有所改善，与同时期的拉丁美洲国家一样，都希望通过"进口替代"战略来实现自己国内的技术升级。具体来说，进口替代的基本做法是：扶持、鼓励本国的生产者运用引进的技术进行生产，同时辅以一系列的关税和非关税壁垒以及本币高估的外汇政策，限制来自国外的产品竞争，使国内的工业投资者有利可图，最终实现本国生产的产品取代进口品。"文化大革命"之后，国家非常重视国外设备、技术和资金的引进。这一时期我国进口了多套大型工矿设备，出口贸易也有了比较快的发展。对于这一时期的对外政策，经济学家吴敬琏评价道："但是在这时，中国发展对外贸易的目的并不是建设开放经济，而是执行进口替代战略，希望通过进口关键设备和技术，自行生产原来需要进口的产品，建立'独立自主、自力更生'的经济体系。"从20世纪70年代末期，中国就开始利用境外的设备、技术和资金生产产品替代进口品。

然而，由于"文革"之后的中国缺乏足够的国际援助和国外贷款，中国必须依靠赚取外汇收入来支付从国外引进的技术。同时，随着有利于出口的经济体制和政策的强化，中国逐渐转向了一条"出口导向"的发展道路。在确定以出口导向为核心的对外开放和技术引进战略后，一方面，政府意识到正在蓬勃兴起的乡镇企业可以成为国家赚取外汇的生力军，便开始支持农村小商品产业进入国际市场。另一方面，为了适应国际环境，中国从1980年起从一些沿海城市开始逐步构建对外开放基地，吸引外商投资开办企业。这些外资企业带来了先进的生产技术和管理方法，对内持续溢出这些先进技术，促进营商环境的改善，对外也成为出口和赚取外汇的重要力量。例如，在20世纪80年代，位于广东中山市的古镇政府从中国香港地区引入两家照明设备组件公司，帮助当地企业家学习生产技术和商业模式，培育当地的灯具产业，如今古镇已成为一个重要的灯具生产基地。对这一时期经济特区和乡镇企业的发展，有的学者也有不同的理解。科斯认为这些重要变革不是自上而下推动，而是自下而上进行的，并且都发生在非核心部门和地区。推广方式上，要么自发进行，相关部门知晓后批准推广，要么在小范围内先行实验。因此，科斯也将之称为"边缘革命"。

20世纪90年代，中国正是靠着出口大量的手工制品和劳动密集型轻工产品，才能有资金和实力进口技术，从而推动国内的技术变迁和经济发展。在这里，我们需要注意到，拉美国家也实行了类似的出口导向战略，但文一认为这与中国的方式有明显区别："这种出口导向式增长形成了一个正向反馈循环：通过出口规模化生产的产品来支持技术引进，继而用进口的先进技术生产更多的出口产品。这种靠参与世界制造业大循环的出口导向的正反馈系统与拉美国家的发展战略形成鲜明对比：拉美国家是依赖农产品和自然资源的出口来支持工业化和技术引进。显然这无法形成良性循环反馈系统。"

在通过"出口导向"引进国外先进技术的同时，我国也从引进和模仿逐步走上自主创新的道路。1988年，邓小平同志提出了"科学技术是第一生产力"的著名论断。1995年，中共中央、国务院颁布《关于加速科学技术进步的决定》，正式提出"科教兴国"战略，把科技、教育进步看作经济和社会发展的强大动力。2006年，胡锦涛同志在全国科学技术大会上发表讲话，提出要走中国特色自主创新道路，提高自主创新能力。党的十八大提出，要坚持走中国特色自主创新道路，以全球视野谋划和推动创新，提高原始创新、集成创新和引进消化吸收再创新能力，更加注重协同创新。2014年，习近平总书记在中国科学院第十七次院士大会上发表讲话，指出"自力更生是中华民族自立于世界民族之林的奋斗基点，自主创新是我们攀登世界科技高峰的必由之路"。2017年，习近平总书记在党的十九大报告中指出"要加强建设创新型国家，创新是引领发展的第一动力，是建设现代化经济体系的战略支撑"。

随着我国科学研究投资力度的持续加大、国内消费和投资市场的逐步成熟以及国际市场的拓展，中国的科技工作者和行业实践者在研究和实践中不断发现新的科学和实践知识。在航空航天领域，"中国天眼"、"墨子"号量子通信卫星、"悟空"号暗物质粒子探测卫星、"北斗"系统、"蛟龙"号载人深潜器等一系列领先的重大科技成果相继问世。在基建领域，为了在昼夜温差极大的高原地区修建高速铁路，为了在大范围地区内完成复杂的跨海桥隧工程，为了在高山地区实施施工难度极高的路桥工程，中国的工程师们需要解决无数日本和德国同行所不会遇到的技术和时间上的问题，在这过程中，产生了许多世界领先的技术创新和经验积累。同时，得益于人力资本的快速积累和市场规模的扩张，中国在移动通信、互联网等许多研发周期短、以人力资本投资为主，而物质资本要求相对较低的行业也已经站在了世界前列。

1995年，全国研究与试验发展（R&D）经费支出为348.69亿元，仅占当年GDP总额的0.57%。之后，研发经费支出迅速扩大，这一数字在2019年达到了21737亿元，占GDP总额的2.19%。24年间，研发支出增长了61倍，年均复合增速达18.79%。从创新产出情况来看，1995年到2019年我国专利授权数量从4.5万项增长至259.2万项，增长56.6倍，年均复合增速18.40%。从技术引进到自主创新，中国的高铁动车组是一个典型的例子。在发展初期，铁道部通过北车和南车与国外高铁巨头建立合资公司，分别引进了加拿大庞巴迪、德国西门子、日本新干线和法国阿尔斯通的技术。在不断消化吸收国外技术之后，我国高铁动车组的国产化率不断提高。如今由中车成功研发的，具有完全自主知识产权的"复兴号"动车组列车已然成为中国高铁技术的一张名片。

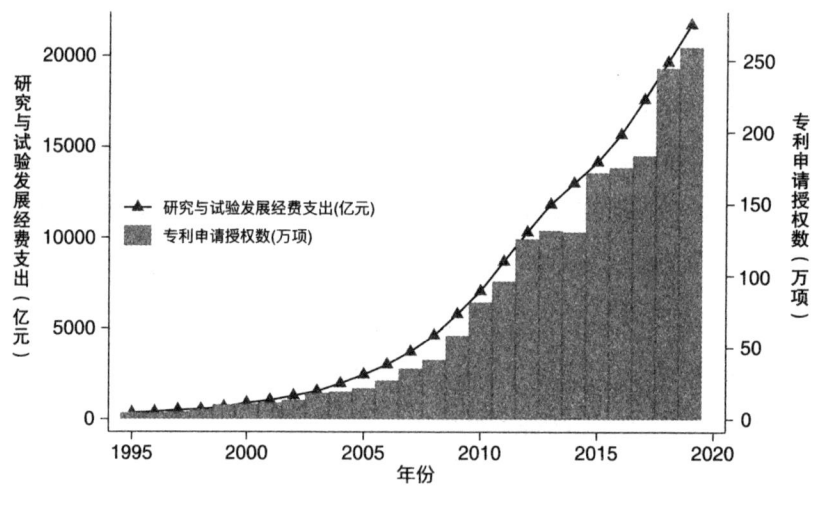

图3　研发支出与专利授权

数据来源：国家统计局。

然而，我们还需要看到的是，我国的贸易结构长期以加工贸易为主，仍处于价值链的低端。在一些决定产业核心竞争力的关键基础材料、零部件和元器件，以及高端装备技术等"卡脖子"领域仍然需要依赖外部技术。随着全球化的退潮以及正在或将要面临的技术封锁和制裁，我国亟须在这些领域取得自主研发和制造的能力。尤其当看到任正非感叹华为的困难是设计的先进芯片国内的基础工业造不出来时，我们更应该看到目前工业体系的欠缺和建立高端工业体系的急迫性。在科学技术和商业模式的大部分领域，我国仍然是一个追赶者而非引领者。从历史的角度来看，正如科斯评论的，"当19世纪的英国成为世界经济的领头羊，20世纪的美国成为世界经济的超级大国时，他们不仅发明了大量的新产品，还创立了新的行业。他们的经济实力来自创新与生产力两方面遥遥领先，让他们的经济屹立于世界之巅"。美国的崛起让人们看到了福特、通用汽车、通用电气、波音、IBM、可口可乐、宝洁、惠普、苹果、英特尔、微软等一系列走在技术创新前沿的顶尖企业。"当日本在（20世纪）60年代末期成为世界第二大经济体时，日本拥有索尼、富士、丰田、本田、日产、马自达、佳能、东芝、松下、胜利和夏普这样的知名企业。"而对目前的中国来说，这样的名单显然要短得多。在《财富》500强中常年占据前列的中国石油、中国石化、工商银行、中国移动等企业大多得益于政策保护而非自主创新能力；中国的生产型企业在面对全球竞争时，在创新与提高质量等方面，"依然在苦苦挣扎"。面对这样的问题，正如《中国制造2025》提出，我们需要"加强关键核心技术攻关，加速科技成果产业化，提高关键环节和重点领域的创新能力"，"提升质量控制技术，完善质量管理机制，夯实质量发展基础，优化质量发展环境，努力实现制造业质量大幅提升。鼓励企业追求卓越品质，形成具有自主知识产权的名牌产品，不断提升企业品牌价值和中国制造整体形象"。2020年中央经济工作会议再次强调，"科技自立自强是促进发展大局的根本支撑，只要秉持科学精神、把握科学规律、大力推动自主创新，就一定能够把国家发展建立在更加安全、更为可靠的基础之上"。

◆ 案例：历史上的技术转移

在如今中美关系越发紧张的背景下，国家间的技术转移一再被激烈讨论，但事实上这一现象由来已久。例如，沙皇彼得大帝就曾隐瞒身份到荷兰阿姆斯特丹的一个船厂学习先进技术，并把这些技术带回俄国。工业革命期间，欧洲许多国家都通过鼓励能工巧匠移民，甚至派出间谍等方式复制英国的技术。另一个例子是被称作"美国工业革命奠基者"的塞缪尔·斯莱特在英国学会纺织工艺，并于1789年乔装去到美国，之后在罗德岛的波特基特建立了美国第一家水力纺织厂。当然，这不是说，我们要鼓励去偷学技术这种方法。而是在国际规范许可的范围内，通过科研和教育方面的交流，积极向发达国家学习。"亚洲四小龙"就得益于善于利用自己与发达国家的技术差距，不断引进新技术，进行产业升级，同时打开出口市场，从而迅速完成资本积累的。

五、技术变迁——以汽车行业为例

改革开放前，我国的汽车工业发展与中央计划指令息息相关，汽车工业的技术水平发展也比较缓慢。新中国的造车历程起源于苏联援建的长春一汽。作为苏联援建的156项重大工程之一，长春一汽1953年开始动工兴建，1956年建成后投产。在苏联的帮助下，长春一汽在投产的当年成功研制了第一批国产"解放"牌载重汽车，并逐步奠定了新中国的汽车工业基础。1958年，中苏关系破裂，在这之后的20多年里，中国再也没有系统化地从国外引进汽车工业技术。同年，"大跃进"的号角吹遍大江南北，各省市纷纷利用汽车配件厂和修理厂仿制和拼装汽车，全国的汽车行业出现了遍地开花的局面。当时，一系列诸如"跃进"NJ130载货车、"海燕"微型客车、"黄河"JN150

重型卡车等车型被开发和制造出来。然而，这些车型的研发过程大多是对国外买来的老旧车辆进行仿制和手工改造，没有形成自己的研发能力。同时，由于缺乏扎实的工业基础和配套产业链，"大干快上"的风气蔓延，生产的汽车质量和批量生产能力始终难以提升；各个企业都追求自成体系，造成行业投资分散重复、布局混乱。60年代，为了防止中苏、中美交战对我国的工业体系造成毁灭性打击，国家确立了"三线建设"的计划，在西南和西北地区建立了大量的工业基地。在这期间，湖北十堰的第二汽车制造厂、四川汽车制造厂和陕西汽车制造厂等汽车企业被兴建和投产。1970年，国家将大批央企以及基建和物资管理权下放给地方，地方再次兴起了造车热潮。然而，这些地方车企缺乏自有的研发能力，大多仿制国产车型进行重复生产。单个企业规模不大，生产效率低，重复投资等现象仍然存在。与重工业和轻工业不均衡发展的总体趋势相一致，这一时期的汽车产品也大量集中在载货汽车和越野车等类型，民用车型发展缓慢。

在经历了近30年的对外封闭之后，1978年10月，美国通用汽车公司董事长汤姆斯·墨菲率领代表团访华。在与位于湖北十堰的第二汽车制造厂的谈判中，墨菲提出了合资经营的建议。该项提议在当时引发轩然大波，但在中方代表团将谈判内容上报中央后，邓小平同志力排众议，做出了"合资经营企业可以办"的批示，开启了中国汽车产业的通过合资引进技术的历程。1984年，北京吉普挂牌成立，是中国汽车行业第一家合资企业。之后，上海大众、广州标致，以及后来的上海通用、一汽大众等合资车企相继成立。在80年代的汽车产业合资浪潮中，中国的造车企业批量引进流水线生产方式和品控管理理念，迅速提升了行业效率和产品质量。随着市场经济体制的建立，汽车工业逐步摆脱了计划经济体制下存在的严重行政管理束缚，企业逐步走向自主发展、自主经营的道路。为了在引进国外汽车工业技术的同时培育国内的全产业链生产能力，国家层面实施了一系列限制国产化率和中方持股比例的产业政策来保护国内产业链。这些措施引导了以福耀玻璃为代表的一批汽车零部件企业的快速发展。然而，国产化率以及持股比例的指标限制本身也限制了企业引进外资的动力。

2001年中国加入WTO，关税和配额保护的消失意味着国外汽车产品可直接进入中国市场参与竞争，这对国内的汽车市场造成了巨大的冲击。为了进一步培育国内企业的市场竞争力，抵抗进口汽车对国内市场的冲击，国家决定减轻对汽车行业投资的限制，不再限制国产化率，从而引发了中国汽车市场的第二次合资高潮。尽管事前人们担忧进口汽车可能击垮国内较为脆弱的汽车工业，但事实证明，面对更加激烈的竞争环境，国产零部件企业表现出较强的竞争力，技术水平突飞猛进，合资车企和自主品牌零部件国产率都逐步提高。

同时，中国的自主汽车品牌也相继在竞争激励的市场上，进入了一个自主创新的阶段。自主品牌的汽车企业从模仿开始学习汽车开发和生产技术，积累行业经验，最终走上了自主研发的道路。凭借着价格和本土化等优势，自主品牌汽车逐步站稳脚跟，到2016年已占据了40%左右的市场份额。1997年，吉利作为中国最早的民营轿车企业进入汽车市场，并于1998年下线了第一辆汽车。从最初的简单模仿生产开始，吉利迅速建立了自己的数字化生产标准和管理体系。为了迅速提升产品开发能力，吉利主动与国外企业合作，熟悉西方汽车工业开发体系，形成自己的开发能力。同时，为了提升产品性能，吉利还主动与国内的科研单位和零部件生产厂商合作开发，带动整个配套体系的生产能力和技术能力的提升。2010年，吉利甚至完成了对沃尔沃的收购，并在之后的几年内迅速消化沃尔沃的核心技术，陆续推出一系列优秀车型，在中国市场上迅速斩获了口碑和份额。吉利的销售量也从2000年的10008辆增长到2018年的约150万辆。

如今，汽车行业又迎来了新能源和智能化的新发展阶段。政府在新能源汽车产业出台了密集的扶持政策，帮助新能源汽车发展。借助国内巨大的消费市场，促进了诸如比亚迪、宁德时代等行业领军企业的崛起，在电池技术和市场份额上抢占了全球范围内的先机。智能化方面，依托中国互联网企业和技术的迅速发展以及互联网企业和传统企业的快速融合，一批互联网造车企业相继诞生，百度、腾讯、阿里等传统的互联网巨头也纷纷布局"互联网+智能汽车"，中国又一次站在了汽车智能化的技术前沿。

六、本章小结

在本章中，我们首先回顾了宏观经济学中关于经济增长的讨论，得出了技术进步是长期经济增长最重要的动能这一结论。同时，相关理论还告诉我们完全的市场化配置可能造成研发不足的问题。在理论探讨的基础上，我们总结现实世界中技术发展的特点，讨论了诸如知识产权保护、支持基础研究、简化行政流程、引导金融机构健康发展等一系列减少摩擦和改善市场失灵的政策手段，从而推动技术变革，实现向发展新动能的转化。在最后，我们简单回顾了新中国成立以来我国从自力更生到技术引进，最后转变到自主研发的技术发展路径，并辅以一个汽车行业发展的案例，来帮助理解后发展国家有效实现发展动能转化的过程。

第三章

两山理论：环境保护与经济增长

一、关注缘由

2017年10月18日,习近平总书记在党的十九大报告中强调:"建设生态文明是中华民族永续发展的千年大计。必须树立和践行绿水青山就是金山银山的理念,坚持节约资源和保护环境的基本国策,像对待生命一样对待生态环境,统筹山水林田湖草系统治理,实行最严格的生态环境保护制度,形成绿色发展方式和生活方式,坚定走生产发展、生活富裕、生态良好的文明发展道路,建设美丽中国,为人民创造良好生产生活环境,为全球生态安全作出贡献。"

生态文明建设在党的十八大之后,被提高到与经济、政治、文化和社会文明建设同等重要的地位,成为我国在现代化布局方面不可或缺的重要组成部分。习近平总书记强调:"要保持加强生态文明建设的战略定力。不能因为经济发展遇到一点困难,就开始动铺摊子上项目、以牺牲环境换取经济增长的念头,甚至想方设法突破生态保护红线";"我们在生态环境方面欠账太多了,如果不从现在起就把这项工作紧紧地抓起来,将来会付出更大的代价"。2020年12月的中央经济工作会议也指出:"要加强污染防治,不断改善生态环境质量。"习近平总书记的讲话表明了中国未来对待环境与经济增长的态度:我们将致力于探索出一条环境保护和经济增长相辅相成、相得益彰的发展之路,推动绿色发展、循环发展和低碳发展,坚决摒弃"先污染,后治理"的发展模式。

习近平总书记在多次讲话中强调"绿水青山就是金山银山",这句话的背后就隐含着环境与经济增长之间的关系。"绿水青山"就是环境,"金山银山"就是经济增长,保护生态环境就是保护生产力,改善生态环境就是发展生产力。如果一定要在环境与经济增长之间做取舍,"宁要绿水青山,不要金山银山",因为破坏性的生产是低质量的、没有意义的,失去了青山绿水、蓝天白云,有可能会失去生产力的发展动力,从而陷入低水平的发展陷阱中。这是我国在经验和教训中总结出来的发展的智慧、发展的哲学,它指导着我们如何探索高质量的增长之路——"既要绿水青山,也要金山银山"。

二、环境库兹涅茨曲线:"先污染,后治理"实践的理论基础

关于环境与经济增长之间关系的理论讨论,不得不提环境库兹涅茨曲线(Environmental Kuznets Curve)假说。1991 年,美国经济学家 Grossman 和 Krueger 发现环境污染和经济发展之间呈现倒 U 形曲线关系。1993 年,Panayotou 再次验证了这个关系,并将其命名为"环境库兹涅茨曲线"。它试图说明,在经济发展的初级阶段,人均收入的增加伴随着环境的恶化,但是经济发展到达某个拐点以后,环境质量将会逐渐变好,如图 1 所示。这一假说的提出唤起了许多学者的热情,他们开始运用不同地区、不同时段、不同污染物指标的数据来验证环境库兹涅茨曲线的存在。同时,关于环境与经济增长关系的理论机制探讨也不断深入,丰富并支持了这一倒 U 形曲线假设。

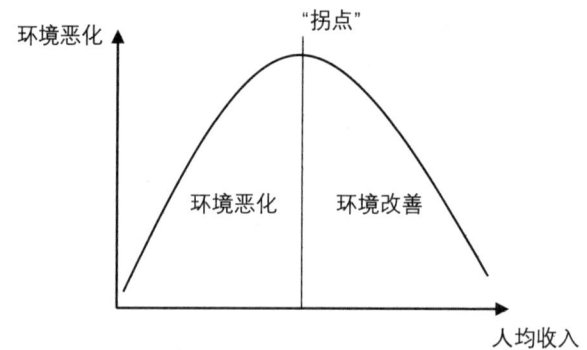

图 1 环境库兹涅茨曲线

Grossman 和 Krueger 将环境与经济增长之间关系的理论机制分解为三种效应——规模效应、结构效应与技术效应。(1) 规模效应。随着经济规模和经济总量的扩张，生产活动不仅需要大量的自然资源投入，同时也增加了污染物的排放，从而恶化了生态环境，这一效应刻画的是环境库兹涅茨曲线的左侧。(2) 结构效应。在发展的初级阶段，经济增长过度依赖高污染、高能耗的第二产业，经济增长伴随着环境恶化。但是经济发展有利于推动经济结构调整，经济增长将会转向依靠低污染、低能耗的服务业或知识密集型产业，生态环境也将会逐步改善。(3) 技术效应。经济增长推动着技术进步，技术进步不仅提高了单位生产要素的生产效率，也推动着清洁技术和减排技术的升级，同样有助于生态环境的改善。后两种效应意味着当经济发展到曲线的"拐点"时，环境质量将随着经济增长逐渐变好。

环境库兹涅茨曲线假说也暗含了经济增长过程中人们对环境质量需求的变化。环境像是经济学意义上的一种奢侈品，当物质匮乏时，人们并不关注环境，甚至愿意牺牲环境换取物质回报。但是，随着人均收入的提高，人们越来越看重环境，清洁的空气、清澈的河水、秀丽的山川能给人们带来更大的满足感。于是，人们开始严格环境管制、增加环保投资、购买环境友好产品，不断强化环境保护压力，推动着环境质量的提高。不难发现，经济越发达的国家，对环境质量的要求也越高。

人类对环境与经济增长之间关系的认识是在惨痛的教训中不断成长的。第一次工业革命使人类首次获得了征服自然的成就感，创造出的物质财富"超过了近代之前人类社会生产的总和"。无节制地消耗自然资源，大量地排放污染，肆意地破坏生态环境……高度繁荣的背后隐藏着前所未有的生态危机。20 世纪初，英国等欧洲国家、美国和日本相继经历了工业革命，经济增长实现了历史性的飞跃。但是，早期埋下的环境隐患逐步显现：英国伦敦烟雾事件、美国洛杉矶烟雾事件和日本水俣病事件等八大环境公害造成了大量的死亡，直接威胁到人类的生存和发展。

人类开始思考环境和经济增长之间的关系。1962年，蕾切尔·卡逊在《寂静的春天》中讲述了一个为了追求生产而滥用农药的故事，警示人们将会失去"明媚的春天"。该书的问世唤醒了公众的环境意识，引发了世界范围内对环境与发展问题的关注。1972年，罗马俱乐部发表了《增长的极限》，总结了限制经济增长的五大因素：人口数量、工业化进程、环境污染、粮食生产和资源消耗。它预言经济增长不可能无限持续下去，除非建立一个稳定的生态环境和经济条件。从此，人类对环境和环境保护的认识上升到了新的高度，环境意识的觉醒督促人们开始进行环境保护和治理。

1972年，联合国首次人类环境会议在瑞典召开，通过了《人类环境宣言》。世界各国开始以合作的方式探讨环境保护和环境治理问题。1987年，世界环境与发展委员会（WCED）发表了报告《我们共同的未来》，将可持续发展定义为：能满足当代人的需要，又不对后代人满足其需要的能力构成危害的发展。此后，1992年联合国环境与发展大会、2002年可持续发展世界首脑会议、2012年联合国可持续发展大会、2015年联合国气候变化大会等在世界范围内推动着环境与经济增长关系的调整。

随着政府环保规制的强化和公民环保意识的增强，西方社会逐渐跨越过环境库兹涅茨曲线的拐点，实现了环境的改善。

三、环境库兹涅茨曲线的陷阱："先污染，后治理"发展模式的理论缺陷

虽然环境库兹涅茨曲线作为西方社会发展的历史经验的总结，并不存在多大的问题，但是环境库兹涅茨曲线向未来政策制定者们传递的政策信息却是非常有害的，因为它隐含的逻辑是：经济增长能够产生增强人们的环保意识、内生地产生保护环境的需求；同时经济增长也能够推动经济结构转型和技术进步、内生地提升环境治理的能力，因而可以自动地解决环境问题。

这个逻辑在现实中确实也成为影响很多地方政府发展决策的无形之手。那么，库兹涅茨曲线的逻辑局限在哪里呢？

首先，我们必须认识到，环境库兹涅茨曲线来自经济增长指标对环境指标的回归分析。它隐含的假设是，环境在经济增长过程中不起任何作用。显然事实并非如此，环境在经济增长中一直扮演着非常重要的角色，无数实证研究表明，它不但影响人们的身体健康和工作效率，也直接影响企业的生产条件。例如前些年北京的空气污染，导致很多高级的技术人员和管理人员，逃离北京，或者要求很高的环境补偿。随着环境的恶化和资源的枯竭，一个国家或地区很难保证经济持续发展，更不要说到达环境库兹涅茨曲线的拐点。我们必须认识到，经济增长和环境之间的作用是一个交互的、动态的、复杂的系统，我们不能仅用一个静态的单向的分析来解释它。

其次，我们必须认识到，经济发展不是解决环境问题的充分条件。在经济学定义上，人类对环境质量的需求应当满足两个标准："愿意"和"能够"。随着人均收入的提高，人们愿意为良好的空气、清澈的河水付费。但是，经济发展到一定的水平也意味着污染积累到了一定的程度。设想如果环境治理要求人们关闭工厂，失去工作，忍受很长一段时间的经济低迷期，这可能远远超出了他们"愿意"的范围。当我们论及"能够"的时候，有的污染物，如空气中的 SO_2 和水中的 COD，只要没有新的流量进入，它们就会被自然地净化。但是有些环境损失，例如，土壤污染、水土流失、土地沙漠化以及生物多样性的损失等，治理和修复的成本也可能远远超出了人们"能够"的范围，长期的污染积累和不可逆转的环境退化，会成为制约地方经济转型和可持续增长的瓶颈。因此，相信经济增长可以自动解决环境问题，是过于乐观和缺乏理由的。

事实上，我们观察到很多地区，因为发展了污染的重工业或者资源消耗型的产业，在今天陷入尴尬的发展陷阱，比如，武汉的"钢城"——武汉市青山区，它具有巨大的工业规模，以钢铁和石化为主，是典型的重工业地区；

再如，甘肃省玉门市，它因油而设，因油而兴，是典型的石油资源型城市。

其实，"先污染，后治理"发展思路的一个盼望是通过污染的方式实现资本积累的过程，然后实现经济的可持续发展。但是资本积累本身并不能实现经济长期的可持续的增长。这主要是因为，古典经济学和新古典经济学中的生产要素土地、资本和劳动，都具有边际产出递减的特性。所以依赖资本的发展是有限度的。那么经济持续增长的源泉是什么呢？主流的经济学研究对此有一致的观点。如 Romer (1986; 1990)，Lucus (1988) 和 Rebelo (1991) 都将知识和人力资本的积累看作长期经济增长的原动力，因为只有人力资本具备的知识创造性和思想创造性，才不受边际产出递减魔咒的束缚，才是经济发展的不竭动力。Grossman 和 Helpman (1991) 在书中写道，如果经济中不存在思想枯竭的趋势，那么长期的经济增长就不会停滞。

人力资本的形成有赖于多方面的投入，越来越多的公共健康和经济学研究强调环境污染对人们的身体健康、认知能力、工作效率以及对居住地区选择的影响。环境污染所引发的健康问题会通过不同的渠道在不同的程度上阻碍长期人力资本的积累，从而给社会增加巨大的成本，这些成本无法直接度量，但会相当可观。我们很难想象一个不健康的身体能够敏锐地思考和创造，一个充斥着污染的地方能够吸引人才，长此以往，人力资本逐渐流失，经济终将失去持续增长的可能性。

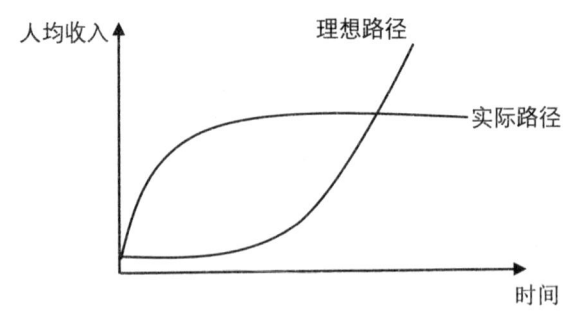

图 2　"先污染，后治理"的发展路径

所以如图2所示,"先污染,后治理"之路是期待经济沿着"理想路径"保持增长,但在实际情形下,"先污染,后治理"不但会使生态环境发生不可逆转的变化,也可能使经济失去长期发展的动力,陷入低水平的困境之中。

四、"先污染,后治理"的发展模式在当今中国是不可行的

上面的分析告诉我们,"先污染,后治理"的发展模式在理论上存在着很大的问题,它很可能会导致严重的生态环境危机和长期的经济发展困境。西方经济和环境的发展轨迹呈现出环境库兹涅茨曲线的模式,是有其特定的历史条件的。中国发展所处的时空条件与西方两三百年前发展时所处的时空条件是完全不同的。所以,虽然环境库兹涅茨曲线作为西方经验的总结并不存在很大的问题,但是面向未来,尤其是考虑到中国和世界目前所处的发展阶段,"先污染,后治理"之路是走不通的,主要有如下几个原因。

第一,目前的国际形势不支持高污染、高耗能的发展模式。首先,环境保护越来越成为全球性的关注热点,中国也一直积极地活跃在推进生态治理和环境保护的国际舞台上。中国的发展模式代表着中国对待环境问题的态度,代表着中国如何履行环境保护的承诺,也代表着中国负责任大国的国际形象。其次,我国的能源供给相对不足,紧张的国际关系、频发的外生冲击都会不同程度地影响我国的能源供给和能源价格。倘若我国经济对高耗能产业的依存度过高,不仅会加剧经济波动,也会使我国发展陷入被动地位。例如,受新冠疫情的冲击,全球的供应链有随时中断的可能性,任何一种能源供给的中断,都有可能影响到我们整个生产过程的连续性,对国际能源的需求越大,经济的不确定性就越高。

第二,我国的生态环境承载力和人口规模再难以支撑这种粗犷的发展模式。目前,我国水土流失、土地沙化、草原退化情况严重,盲目过度的开发使一些地区已经接近或超过资源环境承载力的极限。不少城市经常遭遇雾霾

和酸雨,大气污染、水污染、土壤污染等各类环境污染也呈高发态势。不难想象,以我国的经济体量和增长速度,如果走上"先污染,后治理"之路,将会有多大的能源投入和污染排放,发达国家一两百年出现的环境问题,在我国可能将快速地显现。全球变暖等环境问题尚迫在眉睫,这种发展模式无疑是雪上加霜,生态环境系统的崩溃将是人类共同的灾难,人类最终失去的将是共同的家园。

第三,西方社会在经济发展之后,实现环境改善的一个手段是经济结构调整,把重污染的产业和生产环节转移到了南美洲、亚洲和东南亚等国家。图3展示了在美国历史上,三个国民经济部门所占比重的历史变化。而我国不会通过这种结构调整的办法实现环境治理。此外,在世界500多种主要工业产品中,中国大约有220种产品产量居世界第一,其中高耗能高污染工业品,如水泥、平板玻璃、焦炭、电解铝和电石的产量占全球的50%以上,如图4所示。同样,中国庞大的消费量也决定了高污染、高耗能的产品只能在本国生产。同时,也很难找到相应的低收入国家有足够的生产能力为中国提供产品。

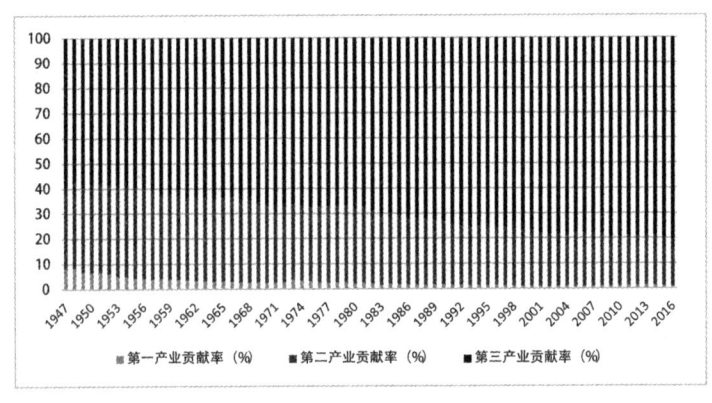

图3　美国三个产业增加值占GDP比重

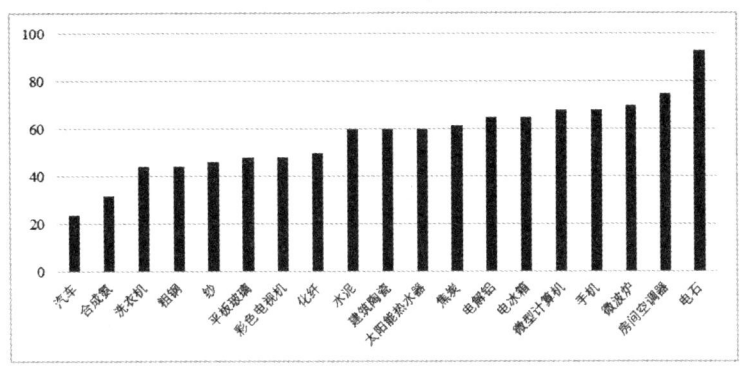

图 4　我国耗能产品产量占全球比重

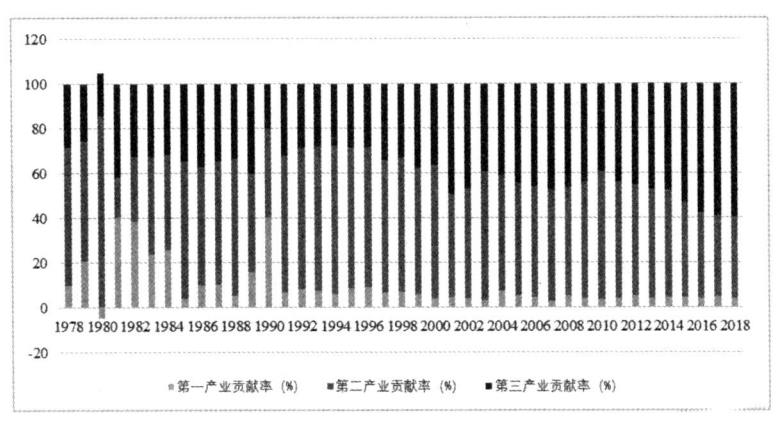

图 5　我国三个产业对经济增长的贡献率

第四，国家的产业结构存在长期的路径依赖问题，尤其我国经济总量大，劳动力人口多，结构转型将非常缓慢。如图 5 所示，改革开放以来，我国经济发展长期依靠第二产业。经济发展初期，全国很多地区引进煤炭、化工、金属冶炼等高污染、高耗能项目，不仅导致了产能过剩和资源浪费，也造成了产业结构的失衡。虽然 2010 年之后，我国第三产业对 GDP 的贡献开始超过第二产业，但是和发达国家相比，我国第三产业发展水平仍然偏低，这不仅仅表现在第三产业对 GDP 的贡献偏低，也表现在产品和服务的质量低、创新能力和技术水平低。我国一直致力于推动产业结构转型，支持高新技术产业发展，新能源、新材料、高端信息技术、生物科技等战略新兴产业正处于孵化和起步阶段。如果继续汲汲于"先污染，后治理"的短期效益，很可能会"挤出"这些产业的发展机会，将它们扼杀在摇篮里。

第五，环境和经济增长之间是相互影响的。虽然经济增长改善了人们的生产和生活条件，但是不断累积的空气污染、水污染、土壤污染等在各个方面威胁着人们的生产和生活，成为经济高质量发展的薄弱环节和瓶颈制约。例如，大量的实证研究认为，环境污染不仅显著地减少人们的寿命、损害身体健康，也显著地降低人们的认知能力、注意力、工作效率等。对于个人来说，污染的负面影响降低了生活质量；对于整个经济来说，污染的负面影响阻碍了人力资本的积累。如果说人力资本是经济持续增长的动力，那么污染将会不断地弱化这一动力，束缚经济的长期增长。

第六，环境污染和生态破坏是不断累积的，有些是无法逆转的。以我国为例，近年来，我国已经十分注重生态恢复和保护，但是，生态恶化、生物多样性下降的趋势尚未得到根本遏制。全国90%左右的草原存在不同程度的退化、沙化，40%左右的重要湿地面临退化威胁。10.9%的高等植物和21.2%的脊椎动物受到威胁，部分珍稀濒危物种还未得到保护，遗传资源流失现象依然存在。因此，当经济发展到一定程度，环境会自然而然恢复这一假说一定程度上是不成立的。倘若我们选择牺牲环境换取经济回报，那么我们很可能将永远地失去环境了。

五、一个粗略的城市发展比较分析

我国经济发展初期，有一些城市依靠污染产业快速地发展起来，如钢铁、电解铝、陶瓷、水泥、玻璃等，这些"工业的粮食"不仅带动了当地的经济发展与就业，也为我国的工业化、现代化建设做出了非常大的贡献。但这些企业在生产过程中排放大量的空气污染物和水污染物，使得这些城市的污染越来越严重。这些城市的发展空间和后劲越来越小,不仅体现在经济增速缓慢、产业转型困难方面,也体现在人才外流和创新动力不足等方面。

我们使用城市的统计数据具体地描述这个问题,将污染城市和其他城市做一个比较分析。首先,选取近10年来二氧化硫排放量最高的20个城市,将它们作为污染城市;然后,为了增加可比性,选取其他城市时尽量使得它们的经济总量、总人口数和土地面积与污染城市相匹配。

在经济增长方面,如图6所示,污染城市的经济起步很快,但发展的内生动力不足。1999—2005年,污染城市的经济增长速度比其他城市平均高2个百分点,但是2006年以后,污染城市的经济增长相对缓慢并且下降趋势明显,逐渐地落后于其他城市。

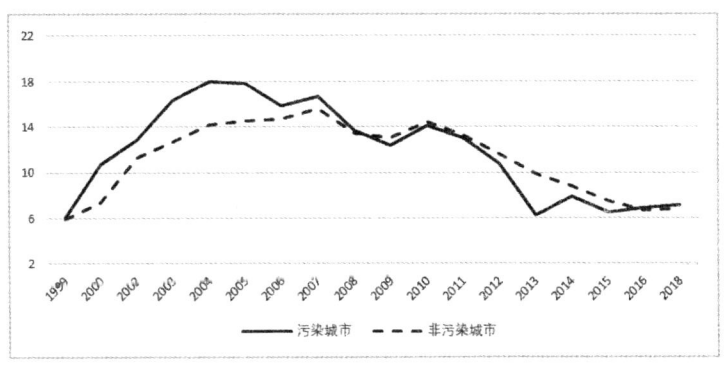

图6 污染城市和其他城市经济增长率的比较

在技术创新方面,从图7中可以看出,相对于其他城市,污染城市的发明专利数量较少,创新能力相对较低。如前文理论分析所述,知识、技术和人力资本是经济增长的内生动力,虽然污染城市在早期发展时经济繁荣,但在发明和创新上的表现不尽如人意,这可能是污染城市的经济发展缺乏后劲的原因。

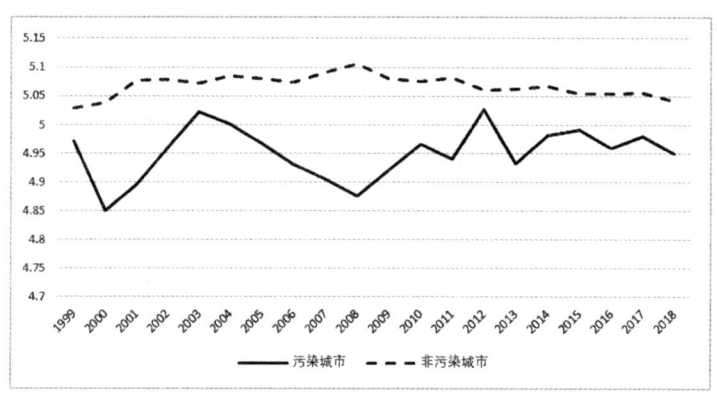

图 7　污染城市和其他城市发明专利数量的比较

在产业结构方面,污染城市的第二产业对经济的贡献最大。早期阶段,污染城市依靠第二产业拉动经济增长,从图 8 可以看出,20 多年来,污染城市的第二产业增加值占 GDP 的比重一直较高,这说明产业结构存在长期的路径依赖,污染城市的产业结构转型也将面临更大的困难。

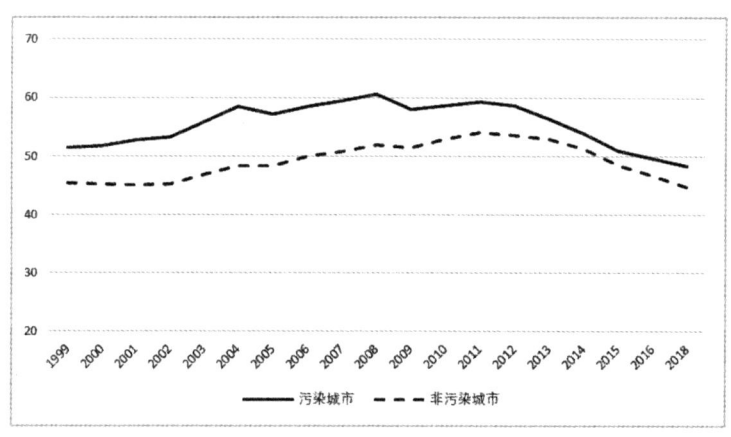

图 8　污染城市和非污染城市第二产业增加值占 GDP 比重的比较

六、本章小结

生态环境赋予人类以生命,支持着人类世代繁衍生息。但是,长久以来,人类为了生存和发展,对生态环境予取予求,忽视了其承载的极限,造成了发展的误区。其实,正如古人在《吕氏春秋》中所言,"竭泽而渔,岂不获得?而明年无鱼;焚薮而田,岂不获得?而明年无兽。诈伪之道,虽今偷可,后将无复,非长术也"。

人类未来如何更好地生存和发展很大程度上掌握在当代人手里。协调环境与经济增长的关系已经成为每个国家的重大课题。党的十九大提出的建设美丽中国的新目标是基于中国多年来偏重经济、生态环境遭受严重破坏的现实提出的,原有高污染、高耗能的粗放式发展方式已经难以为继,需要从根本上改变发展方式,探索生态文明建设新路。生态环境保护思想认识程度之深、污染治理力度之大、环境执法力度之严前所未有。

但不可忽视的是,一些地方政府常常违背这一理念。在实际发展问题上,他们认为发展经济更加重要,等有了经济实力后,再去治理环境也来得及,这就是典型的"先污染,后治理"的发展模式。"先污染,后治理"是西方一些发达国家走过的老路,比如英国。它背后的逻辑是:在工业化的进程中,先快速地发展经济,暂不考虑环境,放纵污染,等经济发展到一定水平,再淘汰落后产业,开展生态修复和环境治理。这在世界范围内是一种非常普遍的发展模式,在我国的一些地区亦是如此。对 GDP 有多热情,对环境污染就有多宽容。对那些不受欢迎的"高污染、高耗能"项目,一些欠发达地区依然愿意向它们敞开怀抱。如,近年来中国的"皮革之都"浙江平阳关停淘汰了大批皮革加工厂,而一些欠发达地区却开始争相承接皮革生产。

我国政府对待环境问题的态度坚决,但是在相对落后地区,尤其在经济下行压力明显的时候,放松环境管制,用发展高污染和高耗能企业饮鸩止渴的现象仍然非常严重。例如，国家生态环境部部长李干杰在2020年全国生态环境保护工作会议上的讲话中指出，"一些地方和部门对保护与发展的辩证关系认识不高，推动绿色发展的能力不强、行动不实，重发展轻保护的现象依然存在。在经济下行压力下，传统高耗能行业规模扩张较为明显。2019年1—11月，全国粗钢、乙烯、水泥、平板玻璃等产品产量同比分别增长7.0%、9.3%、6.1%、6.9%，重点区域高耗能行业增长势头更明显，增加重点区域环境质量改善难度"。

我们在这部分的讨论表明，环境库兹涅茨曲线所描述的发展模式存在理论缺陷，"先污染，后治理"的发展模式，在未来将越来越行不通。依靠污染产业发展起来的城市，非常有可能存在长期发展动力不足的尴尬。虽然经济经历了一段时期的繁荣，但在创新和产业结构等方面一直相对落后，使得经济可持续发展的约束越来越紧。

中国正在从高速度增长阶段向高质量增长阶段迈进，我们坚决不能重复"先污染，后治理"之路，不能牺牲环境、浪费资源换取一时的经济增长。我们应当思考，什么才是经济发展的源泉，什么才是内生增长的动力。一个城市、一个地区、一个国家更快更好地发展需要科技和人才，在寻求战略和政策的突破和创新时，应当立足长远，将环境约束纳入考虑之中。我们要充分利用后发优势，立足全局、目光长远，让科技、人才和创新成为我国经济发展的增长点，尽快走上创新驱动、内生增长的轨道。我国的新兴科技、新兴产业尚处于成长期，需要更多的耐心、鼓励和扶持，如可再生能源技术、节能减排技术、清洁煤技术及核能技术，这些产业的培育前期需要大量的投入，但成长潜力巨大，它们将引领着我国知识经济、低碳经济发展的新方向。

遵循"绿水青山就是金山银山"的发展之路，是人类文明进步的重要标志，它呼唤着生产方式、生活方式和思维方式的革命性变革，我们仍任重而道远。让水更秀，山更青，天更蓝，是我们这一代人的历史使命。在环境与经济增长问题上，我们坚持一江碧水，两岸青山，千金不换。

第四章

区域协调发展

一、关注缘由

党的十九大报告指出我国社会主要矛盾已经转化为"人民日益增长的美好生活需要和不平衡不充分的发展之间的矛盾",而区域差异大、发展不平衡是这种矛盾的主要体现之一,也是我国的基本国情。推动区域协调发展,是建设现代化经济体系、推动经济高质量发展的重要任务。此外,当前我国面临着复杂的国际环境,受新冠疫情以及中美贸易争端的影响,我国的经济发展将越来越依靠"国内大循环",这对区域协调发展提出了更高的要求。

2019年8月26日,在中央财经委员会第五次会议上,习近平总书记强调,我国经济由高速增长阶段转向高质量发展阶段,对区域协调发展提出了新的要求。不能简单要求各地区在经济发展上达到同一水平,而是要根据各地区的条件,走合理分工、优化发展的路子。要形成几个能够带动全国高质量发展的新动力源,特别是京津冀、长三角、珠三角三大地区,以及一些重要城市群。不平衡是普遍的,要在发展中促进相对平衡。习近平总书记强调了区域协调发展不能一味追求经济总量的平衡,而是要合理分工,发挥各地区的比较优势。2020年8月24日,习近平在中南海主持召开经济社会领域专家座谈会,会上上海交通大学陆铭教授指出如果区域发展方面的一些体制性结构性问题得以解决,将产生巨大的"制度红利"。他建议加快实施以中心城市为带动的都市圈和城市群发展战略。建议重点推进城区人口500万以上大城市的户籍制度改革,加快长期稳定居住和就业人群的落户进程。

因此,了解当前我国区域发展的状况和存在的问题对于明确下一步改革的方向至关重要。我国区域协调发展虽然取得了一定的成效,京津冀协同发展、长江经济带发展、粤港澳大湾区建设、长三角一体化发展等区域协调发展政策取得了一些成就，但我国在区域协调发展的道路上仍然充满挑战与阻碍，人口流动限制、资源空间错配等问题仍然突出。

二、区域协调发展的必要性

虽然我国区域之间发展的协调正日趋成熟完善，但是一些地区尤其是一些大城市仍然存在以行政手段限制人口流入的问题，存在资源被低效率配置等种种问题。在这样的背景下，进一步完善区域协调发展，解决当前区域发展中面临的问题是必要的。

劳动力作为一种重要的生产要素，对经济发展至关重要。当前我国虽然早已允许劳动力自由流动，但是一些地区出于一些因素的考量，仍然对人口的流入顾虑重重。一些城市户籍人口占常住人口的比例较低，大量常住人口难以"市民化"。从全国层面来看，我国一二线城市的落户门槛普遍高于三四线城市。张吉鹏和卢冲（2019）[1]计算了120个城市的落户门槛指数并对比了2000—2013年和2014—2016年各城市落户门槛的变化（如表1），发现一二线城市的落户门槛不仅长期处于高位，而且还有提高的趋势；而三、四、五线的大部分城市降低了落户门槛。以上这种大城市限制人口流入、提高落户门槛而小城市降低落户门槛试图吸引人口流入的"倒挂"现象与人口向大城市、都市圈集聚的经济发展规律相悖，会影响大城市进一步扩张发展，也不利于小城市有针对性地发展自己的特色产业。令人欣慰的是，近年来各地包括一些一二线大城市也意识到劳动力尤其是高技能劳动力对于地区发展的重要性，纷纷放松人口管制措施，甚至出台优惠政策鼓励落户。这种改变是值得肯定的，也是需要进一步完善强化的。

---

[1] 张吉鹏、卢冲：《户籍制度改革与城市落户门槛的量化分析》，《经济学（季刊）》2019年第4期，第1509-1530页。

表 1　120 个城市落户门槛变动情况

城市级别	落户门槛提高	落户门槛下降	门槛提高占比
一线	4	0	100%
二线	22	10	68.8%
三线	9	12	42.9%
四线	11	26	29.7%
五线	9	17	34.6%

资源的空间错配是我国区域发展中亟须解决的另一重要问题。以土地供给为例，彭冲和陆铭（2019）[①]指出，我国大量的土地供给集中于人口流出地，而不是人口流入地（如图1），导致人口流入地地价和房价高企。而人口流出地由于土地供给宽松、地价低，在短期内催生了加速新城建设的低成本优势，导致地方政府为短期内拉动经济大量建设新城、开发区。然而，人口流出地恰恰又没有足够的新增人口去发展新城，使新城变为"死城"，造成资源浪费。

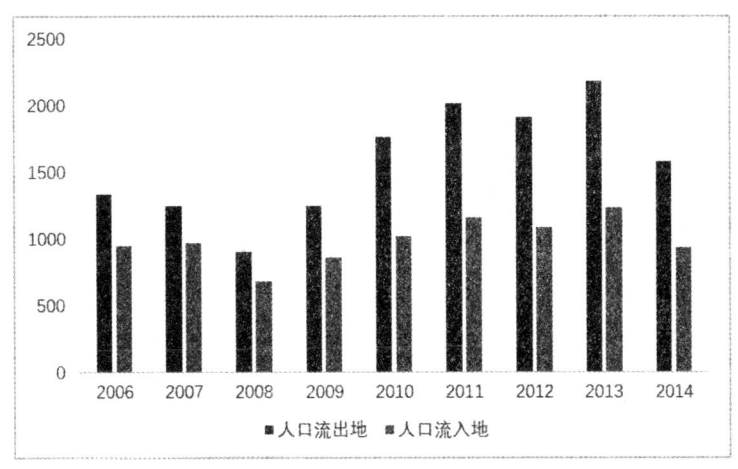

图 1　2006—2014 年土地供给情况

数据来源：彭冲和陆铭（2019）。数据单位为平方千米。

[①] 彭冲、陆铭：《从新城看治理：增长目标短期化下的建城热潮及后果》，《管理世界》2019 年第 8 期，第 44-57 页、190-191 页。

因此，正是由于我国区域发展中面临着种种问题，我们才需要进一步理解区域发展背后的经济规律，进一步完善区域协调发展政策，这是本章写作的初衷。本章以下部分首先回顾了区域发展相关的经济理论，分析了区域协调发展的核心要义，介绍了我国区域一体化建设的典型案例——长三角一体化的发展历程和现状，然后指出了我国区域发展当前面临的障碍，最后结合相关经济理论提出了实现区域协调发展的政策建议。

三、理论回顾：规模效应、互补性、比较优势与外部性

制定合理的区域发展政策首先需要理解区域发展涉及的经济理论与概念。本节介绍了四个经济概念：规模效应、互补性、比较优势、外部性。其中规模效应和互补性为区域内聚集发展提供了理论依据，比较优势和外部性为区域之间协调发展提供了理论支持。

（一）规模效应

规模效应又称规模经济，讲的是规模增大可以带来经济效益的提高，是指通过一定的经济规模形成的产业链的完整性、资源配置与再生效率的提高带来的边际效益的增加。经济规模不等于规模经济，在宏观上，规模经济暗含了协调发展的要义；同时，规模过大可能产生信息传递速度慢、信息失真等弊端，反而会导致"规模不经济"，这又暗示了协调的重要性。区域协调发展正是要利用规模效应，通过协调增大产生"规模不经济"的拐点，尽可能利用规模的增大带来更多的经济效益，产生"1+1>2"的效果。

（二）互补性

互补性讲的是不同技能的劳动者、不同行业的企业由于分工合作带来的互补效应。现代社会是分工合作的社会且专业分工日益细化，同一区域不同

分工的人或企业可以在为别人提供自己专业技能或工作的同时得到别人的专业服务。区域协调发展就是要实现区域内专业分工配置合理，协调不同分工的个体相互合作，充分发挥和利用自己与他人的技能优势。一个人的技能互补的例子就是企业白领与餐馆服务员。企业白领去餐馆就餐享受到了服务员的便利服务，餐馆服务员也从白领的消费行为当中获得回报。二者分工不同但又相互依赖，缺少其中任何一个都会导致整体福利的损失。

（三）比较优势

比较优势的概念最早来源于大卫·李嘉图在其代表作《政治经济学及赋税原理》中提出的比较优势贸易理论。比较优势理论认为，国际贸易的基础是生产技术的相对差别（而非绝对差别），以及由此产生的相对成本的差别。每个国家都应根据"两利相权取其重，两弊相权取其轻"的原则，集中生产并出口其具有"比较优势"的产品，进口其具有"比较劣势"的产品。相对于绝对优势理论，比较优势理论强调即使某个国家生产率较低，每个产品的生产都具有绝对劣势，但只要某个产品的生产具有相对优势，国际分工与贸易即可以增加社会福利。比较优势的概念强调了合理分工的重要性，也适用于指导区域之间的产业分工与合作。

（四）外部性

外部性又称为溢出效应或外部效应，指一个人或一群人的行动和决策使另一个人或一群人受损或受益的情况。人是社会动物，在日常生活和经济活动中，会不可避免地与其他人进行互动交流；企业在经济体中也不是孤立存在，通过经营活动等也与其他企业建立联系。外部性往往难以被市场本身捕捉，需要通过一些干预措施充分利用正外部性，克服负外部性。一个典型的正外部性例子就是口罩，口罩在2020年上半年抗击新冠疫情中发挥了重要作用。一个人佩戴口罩会减少病毒传播的风险，使与其接触的其他人都会受益,产生正外部性。市场定价往往不会考虑这种正外部性,导致社会福利无法实现最大化,而口罩的政府指导定价让每个人都能买得起口罩,发挥其正外部性,实现社会福利最大化。区域协调发展就是要通过引导区域资源的合理配置发挥正外部性,包括区域内人力资本聚集产生的正外部性,企业聚集产生的正外部性,同时通过协调克服聚集产生的负外部性。区域一体化的本质就是将外部性内部化,口罩的统一定价就是在整个国家层面将其外部性内部化。

四、区域协调发展战略的历史

根据中国区域发展研究院执行院长周毅仁(2020)[①]的总结,我国区域协调发展战略大致可以分为四个阶段。

第一阶段,从新中国成立初期到改革开放前,实施的工业布局处于由沿海向内地推进的均衡发展战略阶段。早在1956年4月,毛泽东同志就在《论十大关系》的讲话中指出了沿海工业和内地工业的关系问题,即要充分利用和发展沿海的工业基地,以便更有力量来发展和支持内地工业。发展沿海的工业基地是基于对当时国际环境的判断,即有10年甚至更长的和平期,沿海工业的设备能力和技术力量要充分利用;支持内地主要是为了平衡工业发展的布局,同时也有备战的考虑。这可能是新中国最早的关于区域协调发展的战略论断,强调了沿海支持内地的均衡发展模式。

第二阶段,从改革开放初到20世纪90年代中后期,实施沿海地区率先发展的非均衡发展战略阶段。改革开放之初,邓小平同志提出了"两个大局"的区域发展战略:第一个大局是先集中发展沿海,内地支持沿海地区的发展,第二大局是沿海发展起来之后,沿海地区再支援内地发展。沿

---

① 周毅仁:《加快构建更加有效的区域协调发展新机制》,发改委,2020年7月24日,https://www.ndrc.gov.cn/xxgk/jd/wsdwhfz/202007/t20200724_1234513.html。

海地区拥有比较优势：良好的工业基础、便利的国际开放条件，优先发展沿海地区的战略适应了改革开放的浪潮，也契合了"先富带动后富"的发展思路。

第三阶段，从20世纪90年代中后期到党的十八大前，是我国区域协调发展总体战略初步形成到相对成熟的阶段。2003年党的十六届三中全会提出统筹区域发展的新要求，具体内容为：积极推进西部大开发，振兴东北地区等老工业基地，促进中部地区崛起，鼓励东部地区率先发展，继续发挥各个地区的优势和积极性，通过健全市场机制、合作机制、互助机制、扶持机制，逐步扭转区域发展差距拉大的趋势，形成东中西相互促进、优势互补、共同发展的新格局。这一阶段的区域协调发展重点强调对中西部等欠发达地区的支持，旨在缩小区域发展差距，开始重视"先富带动后富"中的"后富"。

第四阶段，从党的十八大到现在，我国区域协调发展进入新时期。2018年11月发布的《中共中央 国务院关于建立更加有效的区域协调发展新机制的意见》明确指出，以京津冀城市群、长三角城市群、粤港澳大湾区、成渝城市群、长江中游城市群、中原城市群、关中平原城市群等城市群推动国家重大区域战略融合发展，建立以中心城市引领城市群发展、城市群带动区域发展新模式，推动区域板块之间融合互动发展。以北京、天津为中心引领京津冀城市群发展，以上海为中心引领长三角城市群发展，以香港、澳门、广州、深圳为中心引领粤港澳大湾区建设，以重庆、成都、武汉、郑州、西安为中心，引领成渝、长江中游、中原、关中平原城市群发展。2019年，国家发展改革委在《关于培育发展现代化都市圈的指导意见》中又提出了都市圈的概念。2020年5月，国务院总理李克强在发布的2020年国务院政府工作报告中提出，深入推进京津冀协同发展、粤港澳大湾区建设、长三角一体化发展。推进长江经济带共抓大保护。这一阶段的发展战略强调了都市圈、城市群、经济带在区域发展中的引领作用；许多政策方针强调融合、一体化，旨在将外部效应内部化、利用好互补性，提高经济运行的效率。

五、区域协调发展的核心要义

（一）区域内"协"作

区域协调发展要求区域内各地方相互协作，共同实现本区域的福利最大化。然而，一些地方政府追求的是本地的经济发展，在增加本地财政支出与投资、提高本地税收优惠力度、降低环保标准等方面与周围地区进行招商引资方面的竞争，以期获得比周围地区更高的经济增长率和更多的财政收入来保证将来的支出。这些地方政府长期存在竞争行为而不是协作行为，甚至会以邻为壑，造成了市场分割和重复建设。这种竞争性的发展模式虽然在短期能够带来"你追我赶"式的快速增长，但从长期来看，从整个区域的角度来看，它造成的资源错配和配置效率低下会损害经济的可持续发展能力，不利于经济的长远发展。

一般来讲，给定各地区均衡关系，地方政府选择最优决策来达到各自目标的最优化，综合各地方政府的最优行为，我们可以得到各地方政府策略互动的均衡，但该均衡并不能最大化社会福利。实际上，由于地方经济发展的溢出效应、不同地方比较优势的差异以及地方产业间的互补性，各地方互相合作发展而不是各自为政对整个区域的资源合理配置是有利的，对整个区域的经济可持续发展是有利的。区域内各地方协作可以充分发挥经济活动的正外部性，区域内经济的集聚可以充分发挥规模效应，实现本区域的总福利最大化。

此外，地区间协作也会产生风险分担的效果，类似于保险的作用，一个地区发生重大自然灾害或者经济遭受其他重大冲击，其周边的地区可以施以援手帮助受灾地区快速渡过难关，恢复正常的经济秩序。考虑到经济活动的溢出效应，周边地区对受灾地区的援助对自身的发展也是有利的。以 2020 年新冠疫情的暴发为例，武汉作为疫情的中心接受了大量其他地区的抗疫援助，自身的风险得到了分担；同时，其他地区驰援武汉，也有利于防止疫情向外扩散，危及本地区居民的健康。

（二）区域间"调"平

区域协调发展还要求区域间平衡发展。当前我国区域间差异大、发展不平衡的矛盾突出；西部大开发、中部崛起等战略正是为了解决我国区域发展不平衡的问题，缩小中西部地区与东部地区的差距。在这些战略的指导下，2003年之后，我国的中西部土地供应占全国的比例逐年上升，如图2；2009年之后的新城建设热潮也大多集中在中西部和东北地区等人口流出地。这种非市场导向的规划试图通过行政力量对中西部地区进行扶持，缩小其与东部地区的差距。这些规划的初衷是积极的，但在某种程度上却是导致资源空间错配以及地方政府债务高企的原因之一。资源与人口相背而行，人口流出地建设了大量项目却没有足够的人口作为支撑，长期无法收回成本因而导致债务高企。

习近平总书记在2019年8月的中央财经委员会第五次会议上已经强调区域协调发展不能简单要求各地区在经济发展上达到同一水平。因此，改变追求经济总量平衡的观念，鼓励追求区域间人均意义上的平衡势在必行。允许人口自由流动的同时实现资源随人走，以缩小各区域间人民的收入差距为目标，将改善资源空间错配的现象，提高资源配置效率，也契合"以人为本"的发展理念。

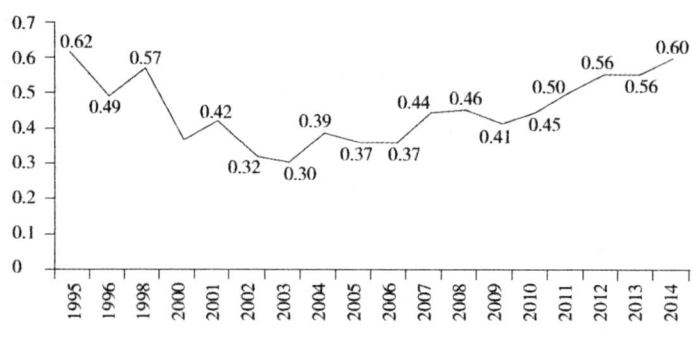

图 2 中西部土地供应占比

数据来源：常晨和陆铭（2017）①。

◆ 案例：长三角一体化

历史演变 随着1990年中央做出上海浦东开发和开放的重大决策，长三角一体化发展成为地方发展的迫切需求，长三角区域一体化发展机制建设全面开始。根据张学良等（2019）②的总结，20世纪90年代以来，长三角一体化发展经历了三个阶段三个十年：20世纪90年代的启动阶段，21世纪前十年的拓展阶段，21世纪第二个十年的提升阶段。

启动阶段的长三角一体化主要体现在投资和贸易环境的改善和长三角城市经济协作办主任联席会议的举行。上海出台政策优先接受长三角的企业投资与贸易，其他城市借鉴上海发展的经验，在经济政策、投资环境方面与上海协调接轨。与此同时，上海、南京、杭州等14个经济联系较为紧密的城市于1992年召开了长三角城市经济协作办主任联席会议，讨论长三角协调发展。1997年该联席会

---

① 常晨、陆铭：《新城：造城运动为何引向债务负担》，《学术月刊》2017年第10期，第55-65页。
② 张学良、林永然、孟美侠：《长三角区域一体化发展机制演进：经验总结与发展趋向》，《安徽大学学报(哲学社会科学版)》2019年第1期，第138-147页。

议升级为由市长参加的长江三角洲城市经济协调会并约定每两年举办一次。同时,长三角经济圈概念第一次被明确提出,由上海市、杭州市、苏州市、无锡市、常州市、镇江市、南京市、扬州市、泰州市、南通市、宁波市、嘉兴市、湖州市、绍兴市、舟山市15个城市组成。

拓展阶段的长三角一体化主要体现在跨省合作与经济协调会的制度完善。跨省合作机制覆盖沪苏浙两省一市,由常务副省(市)长主持,包含各地发改委、专题合作组负责人等相关人员参加的"沪苏浙经济合作与发展座谈会"制度和两省一市主要领导参加的"长三角地区主要领导座谈会"定期磋商机制。经济协调会的制度完善体现在纳入更多城市,举办周期改为一年,建立办公室工作会议制度、城市合作专题制度、财务管理制度以及经济协调会办公室新闻发布制度等。在2003年召开的第四次长江三角洲城市经济协调会中,浙江台州市被纳入协调会中,长三角经济圈的定义也第一次突破长三角的地理概念,成为真正的"经济圈"。

提升阶段的长三角一体化体现在"三级运作"机制的确立与合作范围的扩大。长三角协调机制在组织架构上形成了以长三角地区主要领导座谈会为决策层,以长三角地区合作与发展联席会议为协调层,以联席会议办公室、重点合作专题组、城市经济合作组为执行层的"三级运作"机制。合作范围纳入安徽部分地区,共计34个城市。34城"三级运作"形成了当前长三角一体化主要的制度安排。2018年2月长三角区域合作办公室挂牌成立,长三角合作从定期协商逐渐转变为常态化的合署办公。

现有制度安排 当前长三角一体化主要包含以下几个机制:政府协商机制、经贸合作机制、区域协同治理机制、资源共享机制、民间组织合作机制。政府协商机制主要指"三级运作"机制,具体主要以专题合作等形式来进行,一般由某一城市就某一问题牵头,联合其他城市对问题集中研究。经贸合作机制目前主要体现在旅游合作开发、知识产权保护、园区共建等方面。区域协同治理机制主要包括环境联防联控机制、安全共管机制、征信联动机制、司法协作机制等,主要目的是规范市场环境,消除负外部性等。资源共享机制主要集中于科技创新资源的共享、公共服务资源的共享以及信息资源的共享等,包括大型科研仪器的共用、交通服务互通(交通卡互认)、医保结算互通等。民间组织合作机制主要包括高校、企业间的交流合作。现有的长三角一体化制度安排更多地体现在事务磋商、信息共享等"软"协调方面,在整个区域一体化问题上,没有任何一个人有管理权,只有发言权。统一规划开发、统筹布局产业等牵涉决策和激励机制变革等方面的"硬"协调还有待改进,外部性并没有充分内部化,这也为未来长三角一体化的改进指明了方向。2018年成立的长三角区域合作办公室已经开始朝统筹协调与管理迈出了重要的第一步,但仍需继续深化与完善。

六、区域协调发展的障碍

长三角一体化的建设是我国区域协调发展引领性的案例,但对比国际知名的区域经济化地区仍然有很多不足。我国区域经济协调主要存在三方面障碍[1]。

第一,观念障碍是我国区域协调发展面临一系列障碍的根源。首先,在全国或区域整体层面的协调发展中,追求经济总量的平衡甚至平均、追求产业布局的平衡的观念始终占据主流。在这一观念的主导下,大量资源被投入没有比较优势的或经济总量欠发达的地区、大量产业园区被重复地建设在各

---

[1] 陆铭、韩立彬:《加快上海都市圈建设:突破长三角一体化示范区和上海发展的障碍》,《财经智库》2019年第4期,第18—26页、140—141页。

个地区，造成资源错配与浪费。其次，在一些地区，将"人"当作负担的观念没有转变。一些城市出台的限制人口流入、驱赶外来人口的措施，实质上是把"人"当作经济发展的负担。然而，劳动力、人力资本与物质资本一样是经济生产中必不可少的生产要素。当前我国国内物质资本作为一种生产要素已经基本实现了自由流动，劳动力的自由流动问题还亟待解决。最后，对城市概念的理解的狭隘。当前我们对城市的界定仍然以行政边界为基准，然后以此与一些国外城市对比得出核心城市人口过多的结论，进而以此制定一些限制人口、疏解人口的政策。然而，如果以都市圈的概念作为基准，进行国际比较的话，我国上海、北京等几个所谓大城市人口并不多。例如，如果以城市中心方圆 50~70 公里作为都市圈的话，上海都市圈的人口不足 3000 万人，低于东京都市圈的 3700 万人。对人口的限制导致人口的集聚落后于经济的空间集聚，反而限制了经济的增长潜力。因此，摒弃传统的行政边界思维，树立都市圈思维，是实现区域协调发展的关键之一。

第二，体制障碍导致的激励问题是各地区各自为政难以协调的重要原因。在当前的行政管理体制下，地方官员拥有很大的资源配置权力，每个地区的财政支出相对独立。同时，由于官员考核往往只注重本地的经济发展指标，因此每一个地方都相对独立地有自己的经济发展规划，目标都是最大化本辖区范围内经济发展，而不是最大化整个区域范围内的资源配置效率经济发展水平。这种体制障碍导致一些地方官员参与区域一体化建设的积极性不高，使区域协调发展更多地停留在"软"协调。此外，虽然经济发展具有溢出效应（外部性），周边地区良好的发展对本地的发展有促进作用，但这种溢出效应往往很难度量，因此很难被本地决策者纳入考量中。如何激励各地区做出符合区域整体利益的决策、将外部性内部化是未来完善区域协调发展的重大挑战。

第三，规划障碍区域建设执行层面面临障碍。当前我国区域一体化建设仍然是地方政府在自己所辖的行政区域做规划，辅之以各地方政府之间的磋商协调。在整个一体化的区域内，如何规划土地、人口、基础设施和公共服务等问题，一些地区到目前仍缺乏相应的统一部署。这就导致区域内中心城市和周边城市连接不强，无法连接成片；中心城市和周边城市的交界地区往往开发强度非常低，土地利用效率极低。因此，区域协调发展的要义之一就是要协调统一规划，打破行政边界的壁垒。

七、小结与政策启示

当前在国际贸易保护主义和反全球化的背景下，激发国内国际双循环中的国内大循环对实现我国经济进一步增长有着重要意义。实现区域协调发展正是完善国内大循环的必由之路，而区域层面的"改革开放"是实现区域协调发展必然要求。这个过程中最重要的是解放思想，改变固有观念，认识到人均意义上的平衡的重要性，认识到劳动力是生产要素而不是负担，认识到城市也是一个经济概念。在政策层面，最重要的是实现"自由流动"，包括生产要素尤其是劳动力的自由流动和产业的市场化配置。具体而言，可从以下几个方面入手。

第一，进一步破除体制机制障碍，实现人的自由流动。当前区域一体化的许多措施往往看重"钱"的流动，而忽视了"人"的流动。一些地方政府甚至还实施地方保护主义的措施，限制"人"的自由流动，驱赶外来人口。区域协调发展的重要措施之一就是要改革户籍制度，让人口自由流动，让人力资本聚集发挥其正外部性并充分利用技能的互补性，产生规模效应。

第二，发挥地区比较优势，实现地区间分工合作。区域协调不是要每个地区都追求大而全、追求产业布局的完整性，而是要充分考虑当地的特点，发展地区的特色产业，发展地区具有比较优势的产业，避免重复建设。

第三，发挥都市圈的引领作用。以都市圈作为城市规划的基准，统一部署，实现都市圈内资源市场化配置，交通基础设施升级，便利都市圈内通勤，使都市圈内各地区的人享有平等的教育、医疗等公共服务。以都市圈为空间单元科学预测人口，淡化核心大城市管辖范围内的人口控制目标；打破行政边界制约，进行都市圈内统一的土地开发规划。

第四，地区间追求人均GDP的平衡，而不是GDP总量的平衡。当前许多区域发展政策的目标是追求GDP总量的平衡。在这个目标下大量资源被配置到了经济总量欠发达的地区，而这些地区往往不具备充分利用资源的比较优势，造成资源浪费。基于人口自由流动的以人均GDP平衡为目标的政策有利于要素市场化流动，提高自由配置效率。

第五，完善现有的官员激励机制是实现区域协调发展的关键。建立健全基于区域内全局的社会经济指标而不是行政区划内的社会经济指标、基于人均指标而不是总量指标的官员评价机制有利于改善地区各自为政、以邻为壑造成市场分割的现状。只有促进区域内各地区融合，实现各区域间人均意义上的平衡，才能最大限度地实现资源优化配置，增加增长潜力。

最后，借用上海交通大学陆铭教授的一句话，区域协调发展就是"在集聚中走向平衡"。集聚带来的规模效应、人力资本的外部性和人的技能的互补性有利于提高效率，平衡带来的人均收入的均等、公共服务的平等有利于提高公平性，实现效率与公平的双赢。

第五章

经济新业态——数字经济

一、关注缘由

"十四五"时期我国将进入新的发展阶段。"数字技术广泛深入应用"将成为新发展阶段的重要特征之一,我们将在经济调节、市场监管、社会管理、公共服务和环境保护各方面都广泛应用数字技术。

2017年12月8日,习近平总书记在中央政治局第二次集体学习时就强调,坚持以供给侧结构性改革为主线,加快发展数字经济,推动实体经济和数字经济融合发展,推动互联网、大数据、人工智能同实体经济深度融合,继续做好信息化和工业化深度融合这篇大文章,推动制造业加速向数字化、网络化、智能化发展。2020年8月24日,习近平总书记主持召开经济社会领域专家座谈会,有学者就"十四五"时期的数字经济、数字社会和数字治理问题建言。"十四五"期间,数字经济的作用和地位将继续提升,是今后经济增长的重要源泉,是提高全要素生产率的重要途径,是促进制造业服务业融合发展的重要载体。

二、数字经济:经济新业态

(一)数字经济的定义

《G20数字经济发展与合作倡议》给出了数字经济的定义。数字经济是指以使用数字化的知识和信息作为关键生产要素、以现代信息网络作为重要载体、以信息通信技术的有效使用作为效率提升和经济结构优化的重要推动力的一系列经济活动。由此可见,数字经济的定义所传达的基本要义为:数字经济是一种全新的生产活动方式，数据是其中关键的生产投入要素，信息技术是提升数字经济生产效率的主要技术手段。

数字经济是继农业经济、工业经济之后新的社会经济形态。农业经济的基础要素是土地和劳动力，工业经济的基础要素是劳动力和资本，数字经济的基础要素则为数据。2020年4月，中共中央、国务院发布《关于构建更加完善的要素市场化配置体制机制的意见》，明确将数据与土地、劳动力、资本、技术并列为五大核心要素。

在数字经济中，企业以数据资产作为主要要素投入开展生产和经营活动。例如，滴滴出行与中金数据集团建立战略合作关系，推动数据中心、云计算和大数据在安全出行领域的应用，共建数字智慧交通体系；智慧医疗系统凭借大数据收集及分析能力为患者提供特定的诊断结果，通过智慧医疗系统可以解决偏远地区看病难的问题，把偏远地区乡镇一级医院患者的病历转到互联网一流专家手中，让专家提供治疗方案。如果有足够多的案例和医疗方案，将来就能集合专家智慧，实现机器人辅助诊断。

（二）数字经济的现状

当前，世界经济数字化转型加速。2019年全球数字经济平均名义增速为5.4%，高于同期全球GDP名义增速3.1个百分点。在全球经济增长乏力的背景下，数字经济成为经济增长新动能，成为各国提振经济的重要方向；数字技术成为经济治理与社会治理的重要手段。

得益于数字中国建设的推进，近年来我国数字经济保持快速发展态势。中国信息通信研究院研究显示，我国数字经济增加值已由2011年的9.5万亿元增加到2019年的35.8万亿元，数字技术支撑的新产品、新服务、新业态、新商业模式成为经济增长的主要贡献力量。

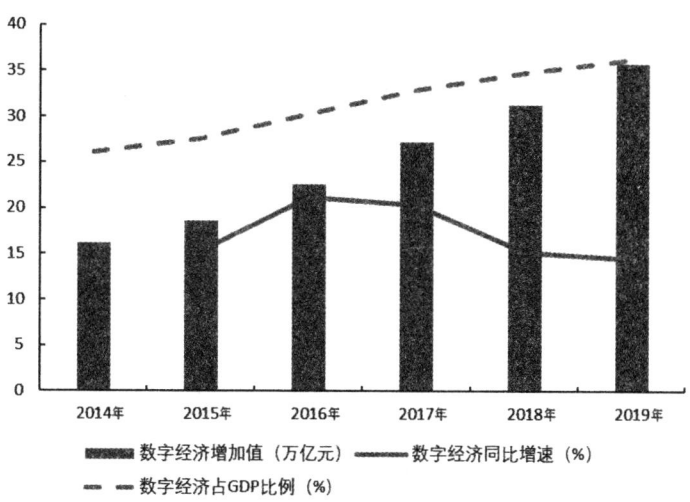

图 1　我国数字经济发展现状

数据来源：中国信息通信研究院《中国数字经济发展白皮书》。

从数字经济增加值在 GDP 中的占比来看，近年来数字经济对我国经济增长的贡献值稳步上升，2019 年达到 GDP 比重的 36.2%。从数字经济的增速来看，2019 年高于同期 GDP 名义增速约 7.85 个百分点，有望成为新的增长引擎。

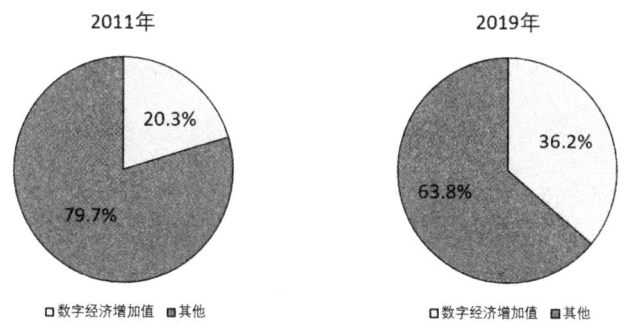

图 2　我国数字经济增加值占 GDP 比重

数据来源：中国信息通信研究院《中国数字经济发展白皮书》。

其中，产业数字化成为驱动数字经济发展的关键主导力量。《中国数字经济发展白皮书》指出，产业数字化是传统产业利用数字技术进行全方位、多角度、全链条的改造提升，数据集成、平台赋能成为推动产业数字化发展的关键。通俗地理解，产业数字化代表数字经济在实体经济中的融合渗透，例如数字技术在传统制造业中的应用。以福建省福州市为例，近年来该市大力实施数字经济领跑行动，积极推进产业数字化。统计显示，2019年，福州数字经济规模达3900亿元，增速在20%以上，GDP占比超40%。一些企业建立的物联网追溯体系，可对基地种植、车间生产和终端销售进行实时监控，实现手机App客户端可视化查询；推进"人工智能+制造生产过程优化"项目；信息化系统覆盖了研发、采购、生产、销售、财务、人事等企业所有的业务场景。数字经济和实体经济的深度融合，为福州经济发展提供了新动能。

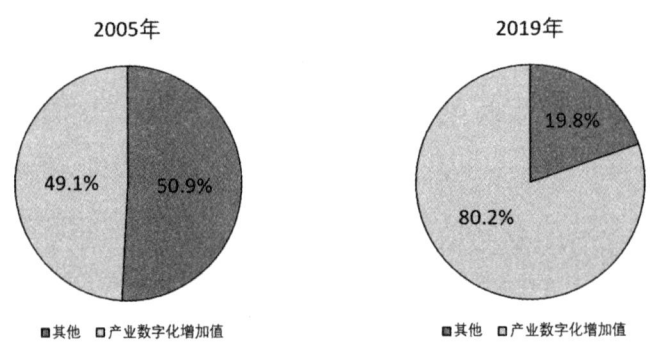

图3 我国不同类型数字经济增加值占比情况

数据来源：中国信息通信研究院《中国数字经济发展白皮书》。

2019年我国产业数字化增加值规模约为28.8万亿元，2005年至2019年年复合增速高达24.9%，显著高于同期GDP增速。产业数字化占GDP比重由2005年的7%提升至2019年的29.0%。由此可见，产业数字化加速增长，成为国民经济发展的重要支撑力量。

◆ 案例：数字经济在新冠疫情中的应用

2020年在抗击新冠肺炎疫情期间，数字技术和数字服务发挥了巨大的抗疫优势，展现了广阔的应用前景，蕴藏了强劲的增长潜力。疫情期间，国内三大运营商中国电信、中国移动和中国联通免费提供本人到访地短信查询服务，手机用户可通过短信方式查询本人前14天内到过的、停留4小时以上的到访地。这为疫情管控工作构建了一个覆盖数亿人群的大数据网络。通过电信大数据，地方联防联控机制相关部门可以统计分析人员动态流动情况，分析预测确诊、疑似患者及密切接触人员等重点人群的动态流动情况，为疫情防控提供精细化的数据支持。

三、数字经济：数据是关键要素

（一）数据资本的基本特征

数据资本与传统资本的根本区别在于：数据资本具有非竞争性。数据的非竞争性意味着数据资本可以被多个主体同时使用，并且不会互相影响。而传统资本如厂房、设备或机器，在同一时间只能被一个主体使用。例如一条用于车身喷涂的生产线，当这条喷涂生产线正在被一个部门使用时，它便不能同时被另一个部门使用，这是由传统资本的物质性本质所决定的。与此不同，数据资本是非物质的。数据资本，例如，一份关于汽车行驶记录的数据，在部门与部门之间的传送仅仅通过一个移动硬盘或者互联网就可以实现，并且这个传送过程基本上是零成本的。当传送完成后，一份数据就可以同时被多个个体使用，并且使用效果不会相互影响。

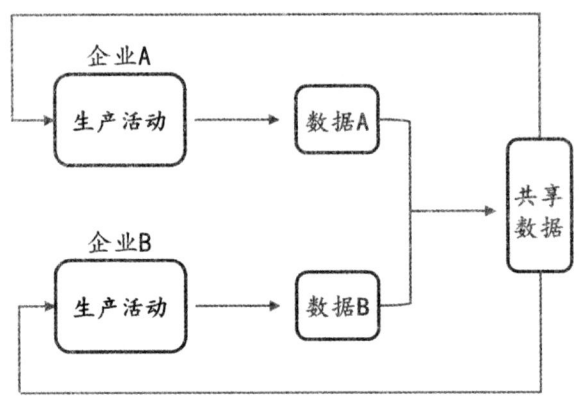

图 4　数据的非竞争性

注：数据的非竞争性体现在共享数据可以同时被企业 A 和企业 B 使用，且数据质量不会互相影响。

此外，传统资本具有正的边际成本，例如，厂房的租金、劳动力的工资。数据资本虽然具有高昂的固定开发或创新成本，但是其边际成本极低甚至为零，例如，互联网几乎可以免费地生产和消费新信息。

得益于信息技术的发展，新数据产生的速度和数量也比传统资本更具有优势。互联网用户个体每天产生 1.5GB 的数据，一辆联网的自动驾驶汽车每运行 8 小时将产生 4TB 的数据，Facebook 每天产生 4PB 的数据。然而，新的厂房设备很难实现在一天之内建成并投入生产活动。

（二）数据与知识的异同

我们将所有具有非竞争性特点的经济商品统称为信息，知识和数据是信息的两种类型。知识一般在研发部门的科研活动中产生，而数据是伴随个体决策行为所产生的信息，是生产和消费行为的副产物。

我们把知识定义为能够直接指导生产活动的一系列指令，例如，一套可以实现全自动化生产的算法，本质上新的知识代表新的生产技术。与知识不同，数据本身并不能直接指导生产活动。例如，医疗诊断的数据、行驶记录的数据或者卫星定位的数据，这些数据只有经过加工和分析之后，才能转化为知识，从而进一步指导经济活动。比如，通过对医疗诊断数据的加工与分析产生新的治疗手段，通过对行驶记录数据的加工与分析得到性能更优的产品设计，通过卫星定位数据建立智慧交通系统等。从上述角度来看，数据也是生产新知识的一种投入要素。

表1　知识与数据的差异

	信息	
	知识	数据
概念	可以直接指导生产行为的信息	用来生产新知识的信息
本质	生产函数（生产率）	生产要素（资本）
来源	研发部门	个体决策行为

从排他性的角度，我们仍然可以区分知识与数据的不同。从技术层面来看，传输数据比传输知识更加容易，数据的共享可以通过互联网或移动硬盘快速实现，但知识的共享往往需要付出较高的教育成本和时间成本。从监管层面来看，数据传输则更容易被监管和限制。加密后的数据往往具有很强的排他性，但由于知识总是附着于人力资本，因此人力流动时总会伴随知识的传播。例如，"机器学习"这一知识（技术）是全社会共有的，但是生成一套机器学习算法的数据资本却掌握在各个私人部门手中。不同的公司拥有本公司的独特数据，因此可以生成个性化的算法。

四、数据资本赋能经济

（一）数据资本提高生产效率

在本小节，我们将结合数据资本的非竞争性，从供给端讨论数据资本给经济带来的规模效应。

我们将数据资本看作一种生产要素，它不能直接指导生产，但是可以作为投入要素被直接运用于生产过程中。对于一家公司来说，其产出水平不仅由投入的劳动力、厂房设备等决定，还取决于该公司的技术质量。数据资本的作用即体现于此：更多的数据资本投入可以带来技术质量的提升，技术质量的提升进一步带来生产能力的提升。例如，淘宝平台的交易大数据可以帮助该平台优化交易算法，更好地匹配用户偏好和提供个性化购物页面，从而促进更多的交易发生。而数据资本的数量大、质量高，意味着测试开发工程师能够利用更多的信息，开发出生产效率更高的软件。

数据作为消费活动的副产品时，其带来的规模效应和数据的非竞争性相结合，能够给经济发展带来持续动力（Jones and Tonetti，2020[①]）。数据的规模效应通过典型的"干中学"来实现，即企业在生产产品与提供服务的同时也在积累数据，在数据中获得知识、提升技术质量，从而有助于提高生产效率，进而产生更多的数据，形成一个闭环。同时，数据的非竞争性意味着当市场允许企业之间数据共享时，一家企业不仅可以将自己的数据用于提升技术质量，还可以在这个过程中借鉴其他企业的数据，这就大大增加了企业的可利用数据量。更多的数据资本投入带来更多产出，生产消费活动又伴随新数据的产生，产生的新数据又可以投入新的生产中，从而形成良性循环（见图5）。数据资本的优势在于，由于其非竞争性的特点，如果能够完全实现数据资本的全社会共享，每个公司都能同时利用本公司和其他公司的数据提高生产力，全社会可共享的数据量增加，进一步促进社会中每一位生产个体的产出，实现"雪球越滚越大"。这便是数据资本的规模效应和非竞争性带来的持续经济增长，是传统物质性资本无法实现的。

[①] Jones, C.I. and Tonetti, C., 2020. Nonrivalry and the Economics of Data. American Economic Review, 110(9), pp.2819–2858.

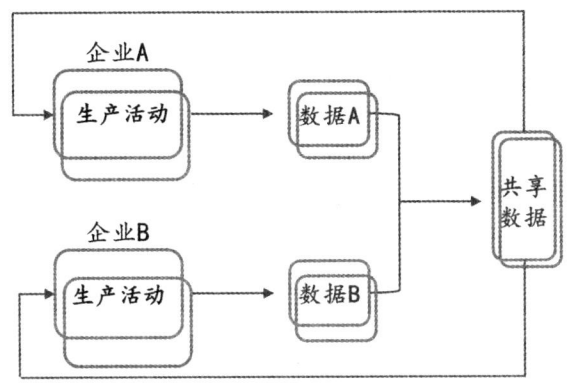

图5 数据的非竞争性和规模效应

注：数据的非竞争性和规模效应构成经济的内生增长。

以共享单车生产商为例。如果不能进行数据共享，那么数据资本无法发挥其"非竞争性"的优势。摩拜单车只能使用本公司用户产生的骑行数据，通过数据分析调整和改善运营模式，创造盈利空间。如果能够实现数据共享，那么摩拜单车不仅可以使用本公司用户产生的数据，还可以使用哈罗单车、优拜单车等其他公司的用户数据，可用数据量的增加将大大提升分析结果的精确程度，例如生成一套更加精确的预测用户位置分布的算法。数据资本的"非竞争性"告诉我们，哈罗单车和优拜单车也可以从数据共享的过程中获利。因此整个共享单车行业总产出增加，作为生产消费活动副产品的数据资本也进一步增加，正向促进产出水平，形成一套全行业规模的正反馈机制。

（二）数据资本降低贷款成本

信息不对称是金融市场发展面临的主要摩擦之一。当市场中存在严重的信息不对称时，金融机构面临逆向选择和道德风险两个问题。逆向选择指事前金融机构难以清晰地识别市场中的优质企业与劣质企业，难以准确评估企业风险，这使得大量优质企业面临较高的融资约束，优质企业融资难融资贵。道德风险指事后金融机构较难监管企业行为，可能面临企业倒闭而违约的风险。

因此经典的金融摩擦理论告诉我们,商业银行往往基于银行监管的要求,对自身资产端风险进行控制,其青睐的贷款对象多为规模大安全性高的企业。一方面,中小企业因自身规模较小且风险较大而更难获得融资;另一方面,由于市场信息不够透明,优质的中小企业难以被银行识别,从而更难获得银行贷款支持。这就会导致市场出现信贷错配,社会投资效率低于最优水平。更重要的是,在经济下行时期,优质中小企业比大企业面临更大的流动性问题,然而严重的不对称信息使得扩张性货币政策带来的流动性并不能有效配置于中小企业,从而降低了货币政策对实体经济的正向刺激作用。

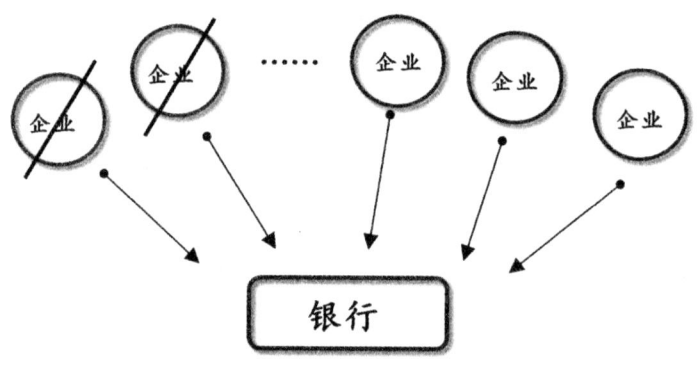

图6　中小企业融资难

注:由于信息不对称,银行设置的贷款标准对于中小企业来说更为严苛,因此中小企业更难获得银行贷款。

数据资本可以有效缓解信息不对称问题,帮助优质企业降低贷款成本。数据资本中往往蕴含大量企业信息,如生产活动、信用水平、管理层行为特征等。如果企业愿意将此类数据适当暴露给金融机构,金融机构可以更好地识别企业质量,这将有效缓解大量优质企业、中小企业的融资难问题,将全社会的投资水平拉近市场最优。例如,国家企业信用信息公示系统建立后,通过公示市场主体的注册登记、许可审批、年度报告、行政处罚、抽查结果、经营异常状态等信息,该平台可以帮助金融机构识别企业风险,甄别优质企业,提高信贷配置效率。进一步地说,如果可以建立秩序良好的数据要素交易市场,企业可出售数据资本以获得较好的融资机会,金融机构可购买数据资本以对企业进行更加精确的风险收益识别,交易主体各取所需,信息不对称带来的信贷错配问题也将得到缓解。

虽然数据资本能够降低信息不对称,但是如果企业数据过度透明化,也可能会造成市场均衡的无效率。我们假设一个数据资本完全透明的借贷市场。当经济下行时,一部分超优质企业不受基本面影响,正常获得银行贷款。但是,一部分常规企业当期各项数据表现较差。所谓"水至清则无鱼",数据资本完全透明意味着银行清晰地掌握企业当期经济表现,因此拒绝给这部分常规企业贷款。这些企业因为不能在经济衰退时期获得银行的贷款支持而被迫退出市场。经济恢复时期,新企业进入市场,但是由于新企业进入往往需要支付大量的准入成本,这部分额外支付的成本就会造成全社会效率损失。相对应的,数据资本适当透明,即我们允许市场中存在适量的信息不对称时,银行因为没有办法完全识别超优质企业和常规企业,而使得市场中一部分常规企业也可以在经济下行时期获得贷款支持,从而避免经济衰退期出现大量常规企业倒闭的状况,进一步避免经济恢复时期因企业进入成本较高而带来的效率损失。

因此,把握好企业数据资本对金融市场的暴露程度,才能发挥好数据资本中蕴藏的信息优势,更有效率地进行信贷资源配置,减少信息不对称带来的效率损失。

(三)数据资本推动技术进步

在此我们讨论数据作为科研活动的副产物时的情况。科研数据的共享无疑是技术进步的一大推动力。数据资本具有非竞争性,意味着多个团队可以同时使用一份科研数据进行研究活动,从全社会的角度来看这大大提高了科研效率,加速了新技术的诞生。但是,科研数据共享带来正外部性的问题,这可能导致大家都想搭"其他团队科研数据"的便车，丧失自主研发、生产科研数据的动机，这与政府鼓励创新的初衷相违背。

正外部性问题可以通过政府对科研项目的扶持解决，例如，政府成立针对科研数据生产的专项基金。以生物医药为例，对该领域科研活动开展政府扶持，得到专项基金扶持的实验室可以几乎零成本地进行相关科研活动，但是其科研数据需要适时适量地对全社会共享。这可以有效解决数据正外部性带来的创新激励不足的问题，同时能够充分发挥数据的非竞争性，使得技术的发展进步更加高速高效。

五、数据资本的产权问题

数据资本的非竞争性是从生产力角度定义的，生产力的出现必然伴随生产关系的界定，生产关系决定了谁拥有数据产权。数据产权的归属不同造成市场均衡结果的不同，本小节将讨论三种不同的数据产权归属，分别为企业拥有产权、个人拥有产权以及政府拥有产权。当企业或者个人拥有产权时，市场摩擦造成数据资本的低效率配置，此时强有力的政府可以帮助解决市场失灵问题。

（一）企业拥有产权

企业对数据资本拥有所有权时，可以决定其生产经营活动中使用和交易的数据量。企业可以选择将数据要素投入生产活动，可以选择向市场卖出自己的数据资本，同时也可以买入其他公司的数据资本。数据的非竞争性意味着企业私有数据资本可以同时被该企业使用和卖出，私有数据的交易不会对私有数据的使用造成任何影响。

首先，当企业作为数据资本的使用者时，我们讨论数据资本市场达到均衡时企业对于私有数据资产的使用情况。当企业拥有数据所有权时，很多企业将不再考虑消费者的隐私问题。如果社会法律体系中关于数据隐私保护的条例不够健全，那么很多企业总能将消费者隐私问题置之不理，从而最大限度地使用本公司产品在生产和消费时产生的数据资本，这样的私有数据使用量与社会最优相比较而言是超载的。

其次，当企业作为数据资本的拥有者时，我们讨论数据资本市场达到均衡时企业对于私有数据资产的交易决策。企业可以通过向数据市场出售私有数据获利，但需要承担"创造性毁灭"带来的成本。"创造性毁灭"是指当企业向全社会卖出自己的私有数据时，潜在竞争者也可以利用这些数据进行生产能力的升级，这使得市场中的现有企业面临被新企业替代的风险。当企业在数据交易过程中考虑了"创造性毁灭"成本时，卖出的数据比例便可能远远低于社会最优水平，造成生产效率偏低的不良局面。

近年来，数据资源之重早已成为业界共识，企业间数据之争屡有发生。数据的非竞争性告诉我们，各个公司进行数据共享（卖出数据）会给社会总产出带来规模效应，但出于对"创造性毁灭"的顾虑，企业之间并不愿意坦诚相待，共享其数据资产。阿里、腾讯、百度、京东等互联网公司早已在大数据的搜集、存储和利用方面进行重仓布局，中国联通、中国移动和中国电信这三大运营商也已经把大数据纳入集团的重要战略性业务，并建立了各种大数据平台。因此，如何帮助市场减少"创造性毁灭"这一市场摩擦带来的效率损失，激励企业进行数据资源共享，建立安全有效的数据共享平台，将成为未来政府工作的重心所在。

◆ 案例：菜鸟与顺丰的"数据断交"

对于物流行业来说，数据是企业战略布局的重点内容，物流数据可以用来分析用户特征，提高服务质量，提升企业效益。菜鸟与丰巢是我国物流行业的两大竞争对手。而顺丰在丰巢一度持股最多。截至2015年11月，中国超过70%的快递包裹、数千家国内外物流、仓储公司以及170万物流及配送人员都在菜鸟数据平台上运转。作为后起之秀的丰巢也发展迅速，顺丰2016年年报显示，丰巢在社区/写字楼安装运营的智能快递柜已超过35150个，覆盖国内深圳、广州、北京、上海、武汉等75个城市。丰巢官网数据显示，其已服务用户量超过3000万，日均包裹处理量超过200万。

由此可见，两家平台均拥有大量的用户数据资本，如果两个平台进行数据共享，可以给双方带来更大的利润空间，并且给用户提供更优质的服务。但是，企业也将面临被竞争者挤出市场的风险，如果其中一方高效率使用共享数据，抢占市场份额，那么另一方很有可能得不偿失，被迫退出市场。

2017年6月，顺丰和菜鸟相互关闭数据接口36小时。在这段时间内，顺丰关闭自提柜的数据信息回传，并关闭整个淘宝平台物流信息的回传，而菜鸟则切断丰巢信息接口，停止丰巢客户电话号码的查询业务。菜鸟表示，为保护消费者隐私、电话信息安全，菜鸟根据安全团队的建议正在对全网物流数据进行信息安全升级。菜鸟将加强对海淘、快递柜等物流数据的多重交叉验证，但顺丰及丰巢等出于各种原因并不配合。对此顺丰则认为，菜鸟要求丰巢提供与其无关的客户隐私数据，所以拒绝了这个要求。而菜鸟暂停丰巢数据接口，虽然是以信息安全为由，但其实根本是一场有针对性的封杀行动，除丰巢外，其他平台如速递易、驿站、裹裹等均未关闭数据接口。断交事件打着保护"用户隐私"的旗号，实际是一场双方对于数据的争夺战、一场关于数据共享决策的博弈游戏。

在这一"数据断交"事件中，市场失灵，最终政府出面解决纠纷。国家邮政总局表示对此事高度重视，与当事双方高层进行沟通，强调要讲政治，顾大局，寻求解决问题的最大公约数，切实维护市场秩序和消费者合法权益，决不能因企业间的纠纷产生严重的社会影响和负面效应。

(二) 消费者拥有产权

消费者对数据资本拥有所有权时,可以决定将多少私人数据卖给企业。消费者在数据出售收益与隐私暴露成本之间做权衡,而企业只能从消费者手里购买数据。

我们假设消费者能够承诺只将数据出售给一家企业,该企业很有可能没有较高的动机或由于法律法规限制,而不能与其他企业共享该数据。此时数据资本不能发挥其非竞争性的优势,因此不能给经济带来规模效应。但是在现实中,消费者往往无法承诺只将数据出售给一家企业。以手机应用软件为例,当我们享受应用软件提供的服务时,往往需要在登录界面进行授权,这样该软件就可以读取我们社交账号的用户信息。个人社交账号的用户信息是典型的数据资本,具有非竞争性的特点,消费者几乎不可能承诺只将用户信息授权给一家软件公司。此时,数据资本能够实现一定程度的社会共享,我们讨论数据资本的规模效应变得有意义。

当消费者拥有数据产权时,企业是数据资本的需求方,企业决策不再面临"创造性毁灭"这一市场摩擦,这使得市场均衡结果与社会最优的均衡结果更加接近。但是由于此时依旧存在消费者对于隐私暴露问题的担忧,并且还存在"搭便车"行为,数据资本仍然不能达到社会最优配置。首先,消费者要在出售数据的收益与隐私暴露带来的负效应之间进行权衡;其次,当其他人将个人数据出售给企业,企业用这些数据优化服务后,消费者总能搭其他人的便车,同样享受这些优化后的服务。这两种摩擦的存在会使得消费者供给数据的动力不足,导致社会中数据资本配置的低效率。

(三) 政府拥有产权

理想状态下,我们允许政府拥有全社会的数据产权,这能够有效解决"创造性毁灭"、隐私暴露和搭便车问题。

作为数据拥有者，政府将社会福利最大化作为最终目标，进行数据资本在市场中的配置。作为数据监管者，政府可以通过强化数据监管，制定行之有效的隐私保护制度，减弱个人数据正外部性导致的市场失灵。社会福利不仅涉及居民消费，还涉及居民隐私保护问题。一方面，数据资本共享带来经济增长的规模效应，居民消费能力提高，社会福利得以改善；另一方面，数据资本共享程度越高，居民隐私暴露程度越高，这又会降低社会福利。最优配置要求政府立足于社会总福利，在提高总产出与保护消费者隐私之间进行权衡，选择最适宜的数据资本共享程度。

天下兼相爱则治，交相恶则乱。当政府完全站在社会公利的角度决策时，将会权衡每个主体的利益，尽可能实现"天下兼爱"。居民隐私得到保护，消费能力增强；企业生产力得到提高，经济发展也正常推进。在社会最优配置下，居民对隐私越重视，即隐私暴露的社会成本越高，政府设置的数据共享比例越低；数据要素在生产过程中越重要，即数据资本对产出贡献越大，政府设置的数据共享比例越高。社会最优配置要求数据资本不能利用不足，也不能被滥用，政府需要把握好个人隐私与社会监管的边界，处理好隐私保护与经济发展的平衡关系。

◆ 案例：政府介入数据市场

习近平总书记在中共中央政治局第二次集体学习时提到，要加强政企合作、多方参与，加快公共服务领域数据集中和共享，推进同企业积累的社会数据进行平台对接，形成社会治理强大合力。由政府参与构建数据共享平台，可以有效减少市场摩擦。

由国家统计局牵头建立规模以上工业企业数据库是减小"创造性毁灭"这一市场摩擦的一种方式。企业基于对潜在竞争者、商业机密等的考虑，很难自发地与全社会共享其生产活动的相关数据，这使得大量现存数据资本无法有效发挥其规模效应。政府要求企业提供相关数据并建立工业企业数据库，可以充分发挥数据资本的非竞争性优势，减少效率损失。

对于健康数据、信用卡数据等与个人隐私高度相关的数据类型，政府也可以提供强有力的隐私保护机制，从而使得消费者更愿意向社会提供数据资本，达到社会更优配置。

六、数字经济：机遇与挑战

（一）机遇：中国优势

首先，不论从需求还是供给的角度来讲，中国均拥有超大的市场规模，这是创造数据资本的基础。2019年，全球数字经济平均名义增速为5.4%，高于同期全球GDP名义增速3.1个百分点。中国数字经济增长领跑全球，同比增长15.6%。英国杂志《经济学人》指出：如果数据是"新石油"，那么中国就是数据世界的"沙特阿拉伯"。中国拥有庞大的消费者数量，拥有包括4亿多中等收入群体在内的14亿人口形成的超大规模内需市场，各种数字应用渗透率均位居世界前列，数字消费者指数排名全球第一。这使得中国市场的海量数据资本更容易形成规模经济，这是很多国家做不到的。充分发挥中国市场的海量数据优势，需要尽量减小市场摩擦，打通数据共享渠道。

其次，中国拥有强有力的政府，这是解决摩擦带来的市场失灵的基础。以政企数据共享为例。政府和企业手中都掌握着很多数据，但是它们所掌握的数据性质是各不相同的。总体来看，政府部门掌握的数据主要来自统计和因需要以政府力量进行的监测，例如，工业普查数据、工商税务信息、实时气象信息等，企业和个人获得这些数据信息的成本巨大；企业部门则掌握大量微观数据，例如，企业销售的品类、交易流水、消费者特征等，政府很难及时获得这些微观数据。在这种情况下，如果企业和政府之间彼此存在隔阂，仅利用自己的数据，那么所能达到的社会效率也会相对低下。中国的优势在于，强有力的政府可以鼓励国有企业以及私有企业和政府之间进行政企数据共享，同时鼓励国有企业与国有企业、国有企业与私有企业之间进行企企数据共享。一旦打通政府与企业之间、企业与企业之间的数据壁垒，建立健全政企数据共享、企业与企业的数据共享的平台，就可以大幅提高数据的利用效率，让企业的经营效率和政府的治理能力同时获得较大提升。

（二）挑战：数据安全

全社会数据共享面临的一个巨大困难便是数据安全问题，隐私保护与数据安全密不可分。例如，政府拥有的数据很多都涉及国家安全或者居民隐私，这些数据如果全部开放给企业，很可能会引发不可控的后果。例如，新冠疫情期间患者数据、检测数据和个人健康数据大量产生。一方面，这些数据在不同区域、不同领域、不同机构，甚至不同国家之间共享，为疫情防控提供精细化的数据支持；另一方面，这些涉及居民隐私的数据大量暴露于公共平台，极有可能被非法滥用。

除此之外，更大的国际冲突可能来自国家数据主权问题，大数据一旦被不恰当使用，很有可能导致国家安全问题。以2020年抖音海外版Tiktok的收购为例，2020年8月28日商务部和科技部联合发布了《中国禁止出口限制出口技术目录》，其中限制出口部分增加了"基于数据分析的个性化信息推送服务技术"，这一政策出台意味着Tiktok收购可能告吹。事实上，TikTok软件背后的核心算法虽并不涉及高端技术，但是这套算法是通过国内众多用户数据训练得来的。如果模型被破译，很有可能暴露数亿中国用户的隐私数据。这些数据包含用户年龄、社交关系、政治主张、喜好等私人信息，可以被轻松运用于刻画用户画像，分析一个国家人民的想法、喜好，甚至更隐私的秘密。由此可见，大数据共享极有可能涉及国家安全问题，这是国际数据共享面临的巨大挑战。

七、本章小结

本章我们立足于数据资本的非竞争性特点，讨论数据资本如何赋能经济。首先本章从规模效应、润滑金融摩擦和推动技术进步三个角度分析数据资本优势。对于发挥规模效应优势，我们应当鼓励供给端的数据交易和共享，建立健全相关的数据要素交易市场；对于润滑金融摩擦，应当把握好企业数据资本对金融市场的暴露程度，过度非透明造成信贷错配，过度透明导致金融市场顺周期性，经济下滑时银行抽贷、雪上加霜。因此适当信息透明化才能发挥好数据资本在缓解金融市场摩擦中的润滑作用；对于推动技术进步，市场中主要存在由于数据正外部性带来创新激励不足的问题，这可以通过政府对科研项目的扶持解决，例如建立与数据相关的科研基金。

接下来本章讨论数据资本的产权问题，企业拥有数据产权时存在"创造性毁灭"的问题，个人拥有数据产权时存在"个人隐私暴露"的问题，这都会造成数据市场低效率配置，导致数据资本难以发挥规模效应的优势。此时，由政府参与构建数据共享平台，可以有效减少市场摩擦。例如建立相关的企业数据库，由政府向企业收集相关生产活动数据，对企业数据予以保护；又例如对于健康数据、信用卡数据等与个人隐私高度相关的数据类型，政府也可以提供强有力的隐私保护机制，从而使得消费者更愿意向社会提供数据资本，达到社会更优配置。

最后本章讨论了数据经济中的中国优势，以及数据流动过程中的安全问题。对于国际数据流动，一方面应当积极参与数据的跨境流动与合作共享，另一方面要高度重视数据流动中的国家安全问题，对涉及国家安全的重点行业的数据出口加以限制。

因此，在推动数据经济发展的过程中：政府对内应扮演好帮助扶持的角色，例如，加强政企数据合作、建立科研数据扶持基金、帮助建立健全数据要素交易市场以及提供强有力的隐私保护机制等;对外在加强数据交流合作的同时,要注重国际数据交流的安全问题,适当对相关行业的出口加以限制。

第六章

保持就业稳定

一、关注缘由

经济发展的根本目的是增进民生福祉。而就业就是最大的,也是最重要的民生。促进就业是一个永恒主题,做好就业工作永无止境。近年来,保障就业稳定这一目标受到了内外部因素的挑战。习近平总书记在中共中央政治局会议上多次强调,"要把稳定就业放在更加突出位置,做好稳就业、稳金融、稳外贸、稳外资、稳投资、稳预期工作"。在 2020 年 5 月 22 日,李克强总理做政府工作报告时强调,加大"六稳"工作力度,保居民就业、保基本民生、保市场主体、保粮食能源安全、保产业链供应链稳定、保基层运转。2020 年 12 月召开的中央经济工作会议也再次强调了持续做好"六保""六稳"工作的重要性。

2020 年 10 月 9 日的国务院常务会议上,李克强总理进一步指出,"保住就业就可以稳住经济基本盘"。按照党中央、国务院部署,2020 年以来各地各有关部门坚持就业优先,狠抓稳就业举措落实,前 8 个月城镇新增就业累计 781 万人,城镇调查失业率从 2 月的高点逐步回落。但当前保就业仍面临很大压力。

在本章节中,我们将从经济学关于就业的理论出发,讨论区分充分就业和非充分就业情况下的失业问题。我们将结合理论和实践,梳理当前环境下我国"稳就业"工作面临的挑战,最后,结合目前的发展背景,提出一些保障就业稳定的政策建议。

二、理论回顾

当提到失业时,你会想到什么?或许你想到的是依靠政府救济金勉强生存的流浪汉，或许你想到的是抱着箱子从林立的高楼里走出的白领。在这一部分，我们将重点介绍宏观经济学中自然失业和周期性失业的概念。

（一）自然失业：当市场均衡时

根据弗里德曼在1967年美国经济学会年会中提出的概念，自然失业指的是经济体在正常运作的情况下，所有生产资源和生产能力在正常使用强度下存在的失业。这些失业与社会的需求规模无关，无论经济景气与否，这些失业都是存在并且可能很难避免的。可能这听起来有点难以理解，我们尝试用几个简单的数学公式来帮助理解自然失业的概念。

在一个经济或者一个国家中，如果一段时间内失业的人数和找到工作的人数相等，我们可以认为这段时间就业市场没有出现问题。这一情况用数学公式可以表示为

$$s \cdot E = f \cdot U$$

在这个等式中，s是离职率，是处于就业状态的劳动力人口转为非就业状态的比例；E是处于就业状态的劳动力人口的数量；f是入职率，是处于失业状态的劳动力人口转为就业状态的比例；U是处于失业状态的劳动力人口的数量。如果经济体中劳动力总数是L，我们可以推导出以下公式：

$$f \cdot U = s \cdot E$$
$$= s \cdot (L - U)$$
$$= sL - sU$$

从而得出失业的劳动力占总劳动力的比例

$$\frac{U}{L} = \frac{s}{s+f}$$

失业率为零意味着s为零或者f为1，也就是说离职率为零或者求职率为100%。在现实中，这两种情况都是不太可能存在的。首先，离职率为零不仅要求客观上企业不能开除员工，而且主观上，员工也不能自愿离职。

那么为什么求职率通常不会等于 1 呢？求职率 f 小于 1 主要是劳动力流动过程中市场运行不完善和工资刚性这两个因素导致的。在劳动力正常流动和工作转换过程中，由于劳动力市场在信息传递、人才管理等方面的不完善，用人单位与劳动力在信息搜寻等方面需要花费时间和费用，导致工作之间的转换需要一定的时间和过程，在这个流转过程中，劳动力处于失业状态，这被称为摩擦性失业。这种失业形式并不意味着工作岗位的缺乏，只是需要时间和信息把劳动者和岗位连接起来。

结构性失业也是劳动力流动过程中市场运行不完善的一种表现形式。假设市场可以完美运行，经济体就能在发生结构性变化之前预测其发生，相关的劳动力便可以提前做好准备，以适应未来发生的岗位调整。但是市场运行是不完美的，结构性失业最显著的特点是"失业与空位并存"。越是处于经济结构、产业和部门结构调整的时期，结构性失业现象越严重。如果经济体内部产生技术变革，那么在新兴产业部门，需求和生产处于旺盛扩展时期，就需要大量的熟练劳动力；而在传统生产部门，生产和需求相对萎缩，因此不再需要那么多劳动力。俗话说"隔行如隔山"，如果社会缺少对劳动力进行再教育再培训的能力，传统部门富余出来的劳动力在技能上不能迅速适应新兴部门的要求，有些劳动力没有工作岗位，而有些工作岗位缺乏熟练的劳动力，便会出现"失业与空位并存"的局面。

另一种情况是外部变化导致的结构性失业。比如，经济体之间达成了一项新的贸易协议，双方之间的商品进出口变得更加便利，因此两者的出口部门的订单会增加，对劳动力的需求增加，相反，与进口企业业务类似的本地企业会受到很大的冲击。例如在美国，由于发展中国家的纺织品价格相对廉价（特别是自 2005 年中国对纺织品的长期配额到期以来），美国从海外进口了大量的纺织品，导致当地的纺织业多年来一直萎靡，成千上万的纺织工人失业。这些工人中许多年龄都是 50 多岁，已经在这个行业工作了几十年。这些工人很难转型到新兴产业，最终成为产业结构转变的牺牲品。

现在，我们来讨论第二个原因：工资刚性。工资刚性是什么意思呢？如果我们把劳动力想象为一种商品，那么工资水平就是劳动力的价格，这个价格由劳动力供给和需求的相互关系共同决定。工资刚性指的是，劳动力市场因为某些人为的原因，不能通过供给和需求的相互关系自由决定工资水平。在现实中来看，这些人为的因素主要包括最低工资、工会、劳动法等。这些因素使得工资被市场之外的因素推高，只能上涨不能下降，这听上去是每一个劳动者的福利，但其实结果可能比我们想象的更复杂。

以最低工资为例，事实上全世界大部分国家都实行最低工资政策，而经济学领域对其产生的影响也一直争论不休。根据直观感受，我们往往会得出"最低工资应该更高，甚至越高越好"的结论，因为我们可能下意识地认为，最低工资的提高可以帮助那些底层劳动者。但是，经济学的理论告诉我们，当企业或经济的效益下滑的时候，企业对劳动力的需求下降，市场均衡的工资应当下降；但是由于最低工资的限制，他们唯一能做的就是解雇一部分员工。那么最低工资到底是对贫困者有利还是有害呢，会使得更多的底层劳动者失业吗？这个问题至今并没有一个确定的答案，即使是最倾向于自由市场的经济学家也不会赞同完全取消最低工资。事实上，最低工资更是一个政治问题。从这一角度来看，提高最低工资标准可以提高贫困家庭的生活水平，从而缩小社会的贫富差距。当然，最低工资可能造成一部分劳动力失业，政府可以利用其他的福利项目救助这部分人口。

另一个因素是工会。通常，工会只会为在岗员工谋福利，即使是在经济萧条、失业率处于高位的情况下，工会依然会致力于提高在岗员工的工资和福利，从而促使企业不能通过降低工资来招聘更多的员工。美国的数据表明，在现实中确实是工会成员的工资平均会比非工会成员高20%左右。由于工会人为地推高了工资，远高于市场的均衡水平，这必然使得劳动力的供给超过需求，形成失业的现象。

效率工资是导致工资刚性的另一重要因素，其背后的逻辑是更高的工资能够促使工人工作更加努力。那么为什么更高的工资意味着更高的劳动效率呢？经济学家从四个理论角度回答了这一问题。第一个解释是，高工资可以提升劳动力的生活水平，他们有足够的钱来买健康的食物，因此更不容易生病。这一解释当然适用于贫困的国家，对于欧美一些发达国家，这一解释可能就稍显牵强了。第二个解释与发达国家的现状更贴近，即高工资会降低员工的离职率。当员工能从当前工作岗位获得足够高的薪水时，他们会更少地考虑跳槽，这样企业可以减少招聘和培训新员工的金钱和时间成本。第三个解释是企业可以通过高工资来吸引更优秀的人才，这也是微观经济学理论中强调的逆向选择。第四个解释与道德风险相关，懒惰是人类的天性，当企业无法时时刻刻监督员工的工作效率，员工自然会偷懒。但是如果员工能赚取更高的工资，他们偷懒的成本会变高。因为一旦他们被抓到偷懒失去工作，他们将会面临更多的损失，因此他们可能会减少偷懒的时间。以上四个解释都说明了，如果公司向工人支付高工资，公司会更有效率地运作。这种高于均衡工资的结果是求职率较低，失业率上升。

一个经典的关于效率工资的案例来自亨利福特公司，这是一家著名的美国汽车厂商。1914年，福特汽车公司开始为他的工人提供每天5美元的工资，而市面上现行工资水平为每天2至3美元。毫无疑问，高于市场平均水平的工资吸引了大量求职者，福特公司的门口排起了长队。那么福特公司这么做的动机是什么呢？创始人亨利·福特（Henry Ford）后来写道："我们是在为公司的未来支付这些高工资。维持低水平工资是不稳定的。实际上，每天给工人支付5美元的工资是我们做过的最好的削减成本的措施之一。"根据公司当时的一份工程报告，在实行高工资的政策后，工人的缺席率降低了75%。研究早期的福特汽车公司的历史学家艾伦·内文斯（Alan Nevins）写道："通过实行高工资政策，工人们对于企业的忠诚度提高，他们更愿意服从企业的管理，从而使工作效率得到提升。"

总的来看，自然失业是一种持续存在的现象，但诸多可变因素都可以影响自然失业的水平。例如，如果技术进步和产业结构变化的幅度和速度较快，就可能比较经常和较大幅度地引发自然失业。但是，如果信息传递、职业培训、政府规制状况等反映劳动力市场发育水平和运行效率的条件良好，就可以通过劳动者对变化的更快适应而降低自然失业率。此外，社会保障覆盖率和水平等一系列因素可能会通过影响劳动者寻找岗位的动力，进而影响自然失业水平和持续时间。

（二）周期性失业：当有效需求不足时

以上我们讨论了当经济正常运行时，自然失业率会随着经济的波动而波动，即使短期内失业会存在，只要以上提到的几个因素被解决的话，长期来看社会有充分就业的必然趋势。但是 1923—1933 年发生在美国的经济大危机对经济发展造成了极大的破坏，无论是生产衰退的程度、持续时间的程度，还是失业率的高度，都是前所未有的，这一现实与"充分就业"的理论明显不符。基于这个情况，美国经济学家凯恩斯提出，消费需求和投资需求所构成的有效需求低于社会总供给水平导致就业水平低于充分就业的水平。宏观经济总是处于周期波动中，当相对衰退发生时，如果没有外在干预，经济会在小于充分就业的水平上处于均衡，这种均衡可能会持续相当长时间而不是一种短期现象。因此这种类型的失业也被称为周期性失业。为了避免周期性失业，经济必须保持一定的增长，而为了保持这种增长，国家在经济下行的周期进行有效的干预是必需的。

这种干预具体而言，主要有两个方面：一方面增加公共开支，刺激总需求规模的扩张。比如，我国 2008 年全球金融危机后的 4 万亿救市计划，尽管现在看来可能产生了一些不被期待的负面结果，但是在当时确实达到了刺激经济、稳就业、软着陆的目标，与美国大量企业倒闭、工人失业的萧条状况形成了鲜明的对比。另一方面，政府实行减税政策，使居民的税后可支配收入提高，提高居民的购买力和消费支出水平，达到扩大总需求的目的。简言之,凯恩斯关于减少"非自愿失业"的主要政策建议是刺激消费、鼓励投资、扩大有效需求,从而增加就业。

根据上面的讨论,现实的失业率是自然失业和周期性失业的加总,和经济周期波动呈现相反的变化态势。复旦大学张军教授团队估计了我国2005—2012年这7年间失业率与经济波动之间的关系,图中虚线是GDP波动,实线是城镇失业率的变化,很明显,两者之间存在稳定的负相关关系。当经济向好时,比如2007年,失业率大幅降低,而在2008—2009年的金融危机期间,GDP增速下降,失业率上升。

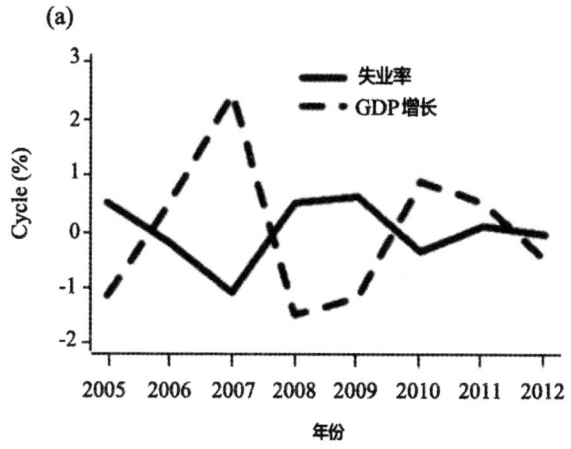

图1 城镇失业率变动与经济波动(2005—2012)

三、我国目前实现稳就业目标面临的挑战

回到本章的开头,我们试着用刚才讨论的经济学理论,再来看看目前就业市场面临的挑战。对于劳动力供给总量庞大这一现实情况,我们并不需要刻意去担心。因为劳动力供给多意味着消费者数量多,经济总量庞大,市场的需求自然可以容纳这些劳动供给。但是,一些政策可能使得供给和需求不匹配。人口的空间错配就是一个例子。一方面,有些地方政府为了发展国际

化大都市，认为应该"以业控人"，在城市里要"淘汰落后产能"，"清理低端制造业"，这样的政策导向导致外来低端劳动力离开城市，从而失业；另一方面，城市对低端劳动力的需求无法得到满足，这些工作工资上涨，从而又抑制需求，造成失业。

这样的供给与需求不匹配是人为造成的，同样也容易解决，只要把这些障碍移除，那么问题自然得到解决。最近上海的落户政策开始出现松动，这可能会成为我国开始尊重市场规律、鼓励人口流动的开端。其实，产业结构调整对就业市场产生的压力是目前我们面临的最大的问题，并且几乎大部分失业是可以归纳为自然失业下的结构性失业的。

我国在改革开放之前主要处于计划经济的体制框架下。在这种条件下，因为就业是通过计划配置的，所以其实并不存在劳动力市场。虽然在企业层次上存在着严重的冗员现象，但这并不表现为宏观经济意义上的失业。但是在改革开放以来，特别是触动存量调整的改革在20世纪90年代后期发动以来，一些国有企业在竞争中失去了市场生存能力，一方面产生大量亏损和破产企业；另一方面谋求生存的企业也开始削减冗员，使得一部分城市职工的铁饭碗被打破，离开原来的工作岗位，处于下岗和失业状态。与此同时，虽然劳动力市场与改革前相比有了长足的发育，但工资水平适应供求变化进行及时调整的市场机制仍然不完善，市场信息、职业介绍和职业培训等劳动力市场服务也不完善，仍然不能适应重新配置劳动力的需要。由此产生自然失业，并在时间上得以延续。

图2展现了中国的劳动力结构在改革开放后三十年间的变化，从事第一产业的人员比例从1990年的60%一直下降到仅仅26%，而第三产业的人员越来越多，在2018年占比最大。第一产业的人员比例越来越少，意味着从事农业活动的人员减少，一方面是因为第二、三产业的工资更高，吸引了一部分农村劳动力进城务工，成为第二、三产业的人员；另一方面是对于农民的需求越来越少，这个原因在就业稳定这个目标下显得更加重要。随着人工智

能在农业领域的应用,未来它将会进一步代替传统的人力劳动。以前农民务农可能不需要懂太多技术,但是现在,如果要操作好一台机器、维护好一个系统,就需要有相关的知识储备。因此,未来智慧农业和人工智能的发展推动农民这个职业改造升级,农业对传统农民的依赖程度将会减少,也可能使得农民数量减少,但对新农民的需求程度会增加。

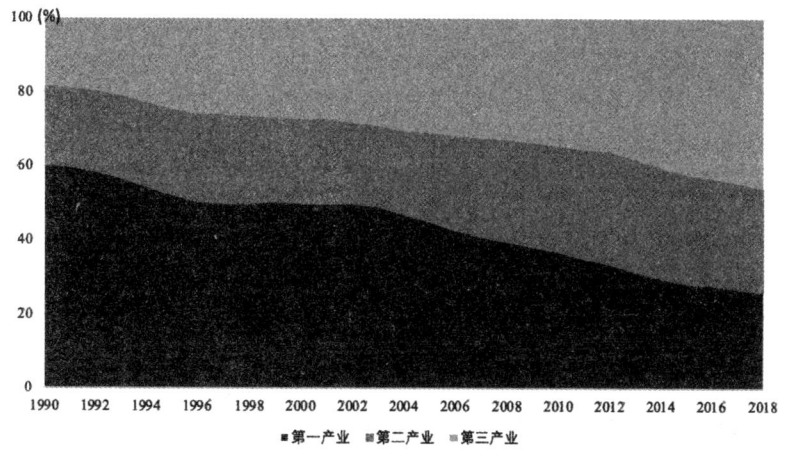

图2 中国劳动力结构变化

近年来,我们观察到越来越多外出务工的农民工返乡,沿海制造业正在逐渐失去活力。以轻工、纺织等为代表的劳动密集型产业曾是我国外贸出口的主力军,这些行业的中低端产能正在面临越来越突出的订单减少和产能外移压力。当我们购买外国品牌的衣服时,我们现在更多看到的是"越南制造""孟加拉国制造",因为随着劳动力成本的上升,我国生产的纺织品价格上已经无法与越南、印度、孟加拉国竞争,企业面临着降低成本或者压缩利润的艰难选择。受到工资刚性的影响,降低工资非常困难,利润的减少使越来越多的企业转移到其他劳动力成本低的国家。这令我国的就业产生了不小的压力。

以运动鞋作为例子,曾经的中国是耐克、阿迪等美国运动鞋品牌的加工厂，但是最近，从阿迪达斯提交给证监会的公开资料发现，越南工厂的球鞋产量占阿迪采购额的44%，将近一半，而中国工厂的球鞋的比例则低于20%。鞋类加工属于传统型劳动密集型产业，人力成本在支出中的占比较大，中国能成为"世界工厂"也得益于低廉的劳动力成本。但如今，在中国东部沿海的工人工资已达到500—600美元（3000—4000元人民币），而越南工人只要250美元左右。

当然，我们不能直接说农民工回乡就一定是失业了，他们可能重新务农，或者在附近就业，等等。但至少大城市的企业和工厂所需要的低端劳动力正在减少。当我们能知道农村失业率的变化时，我们能够更好地理解中国经济的就业情况，这对于整个社会是有利的。

说到农民工的问题，我们不能忽略摩擦性失业。农民工是受到摩擦性失业影响最大的群体，他们可获得的绝大部分工作信息来源是同乡或者亲戚介绍，如果没有介绍源，外出找工作会变得十分困难，因此，农民工向就业市场流动所依赖的信息渠道有限、单一，导致部分摩擦性失业。在一些大城市，户籍制度增加了农民工的生活成本，一方面他们不能享受当地政府的保障，另一方面他们的子女无法享受到与城市户口相同的教育，因此这些外出务工的劳动力在一段时间后会倾向于回到生活成本低的地方，这导致企业的务工人员流动频繁。另外，农民工普遍对市场认知能力有限，缺乏对生产经营特征和规律的把握，存在自身资金实力弱等创业风险。

现在，我们来谈谈高新技术行业，高科技企业在近些年呈现雨后春笋般的成长，创造了很多就业机会。但是，尽管是高新技术企业，他们也并不需要那么多本科及以上文凭的劳动力。以大疆创新为例，大疆创新是一家融产品研发、生产、制造、市场销售、服务等多环节为一体的企业，其中适合专科的岗位需求占总体人力需求的50%—60%。大疆的无人机要走向市场，需要其合作伙伴及应用方有合格的应用型人才来做支撑，其中有大量适合专科学历的岗位。随着无人机应用行业的高速发展，这方面的需求会有指数级的增长。

大学生面临的找工作难的现象，本质上也是一种结构性失业。我们收集了 2001—2018 年全国高校总毕业生人数。从图 3 可以看出，每年全国高校毕业生人数都呈上涨趋势。从 2013 年开始，高校总毕业生人数已经突破 700 万大关，2018 年突破 800 万。2011—2018 年的这八年间，我国高校毕业生增加了 5900 万人，这是什么概念？我们再看一下 2010 年的数据，2010 年时全国大专以上文化程度人口为 1.19 亿，这是 2010 年以前几十年积累下来的大学生数量，而 2010 年之后的短短八年间，这个数字就从 1.19 亿一路飙升至 1.86 亿，增长了 56%。

与此同时，我们的经济增长呢？GDP 增速在 2007 年达到 14.2% 后，一路下滑到 6.75%。经济增速的大幅下降，意味着市场上对于劳动力的需求已不如当年旺盛，同时也反映了大学生的专业技能可能并没有得到最大化发挥。说到底，中国目前的经济体量虽然巨大，已经位列世界第二，但是能称得上世界一流企业的太少。大学生找不到合适的工作，很大程度上跟我国的经济发展水平有关。每年批量生产几百万大学生，其中还有几十万 985、211 学生，但是以我国目前的经济发展水平，高科技企业数量太少，实在无力为这么多大学生提供相应的岗位。

不仅是大学生找工作难，年轻人找工作普遍难。劳动密集型产业的务工人员老龄化严重的同时，大量的年轻人待业在家，一方面是由于社会上存在对工人的偏见，农民工的社会形象还是难以摆脱"一身尘土""专业技能不高"的刻板印象；另一方面，在进入 21 世纪之后，从年龄层次上来说，90 后逐渐成为新生代工人群体的主流。对比其前辈来说，第一代农民工拥有的是农业技能，第二代工人只剩下工业技能，以 90 后为代表的第三代工人却多出来了知识技能，由于有了知识技能其工作的选择余地更大，那么务工，特别是进入低端制造业工厂对于新生代工人来说就不再是最好的选择。

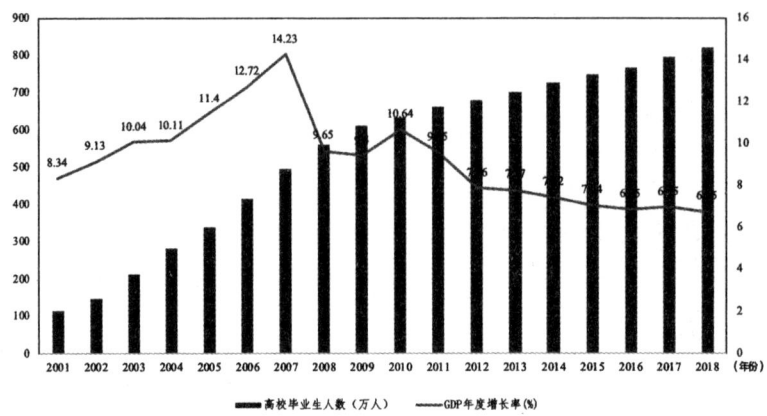

图 3　2001—2018 年高校毕业生人数和 GDP 年度增长率

问题看上去很严重，那么它是否可解呢？经济学理论告诉我们，政府可以通过提升求职率来降低自然失业率，从而解决失业问题。为减少摩擦性失业，我国的公共就业服务制度已经建立，形成了以政府牵头组织的人才交流服务为主，以及劳动就业服务机构和经营性职业中介服务机构为补充的公共服务体系。目前全国主要的大中城市基本已对下岗职工和领取失业保险金的失业人员实行了免费就业服务，在缓解就业压力、促进下岗职工和失业人员再就业方面起到了重要作用。但是，全国就业服务工作人员编制相对较少，每名工作人员约服务劳动者1.2万人，是发达国家的2至40倍。街道、社区的基层就业服务机构也较薄弱，许多街道还没有专人从事这项工作，难以向失业人员提供必要的就业服务。在2020年的政府工作报告中，多次提到了农民工群体，提出了许多令人振奋的目标：比如，要实行农民工在就业地平等享受就业服务政策；2020年、2021年两年职业技能培训3500万人次以上；支持农民就近就业创业，让返乡农民工能打工、有收入；等等。

相比摩擦性失业，减少结构性失业可能会更加困难，因为结构性失业主要是产业转型造成的。这些年来，虽然产业转型升级有了一定的成效，但是在东南沿海地区，低端产业依然大量存在，这些低端产业由于劳动量大，虽然表面工资高，但是实际上因为其技术附加值有限，其采用的计件工资模式实际上大多数人都不可能达到其所开具的工资水平，所以所谓过万薪酬只是一种说法而已，实际问题则是企业的技术水平较低，真正的市场竞争力实在有限，其工资当然也就难以吸引务工者了。

产业转型需要时间，劳动技能的培养也需要时间。形成良好的员工培养机制和培养体系对企业本身有好处，同时也会对整个行业产生积极的影响。但是正是因为有这样的正外部性，企业很难有足够的动力来做这件事，他们更愿意坐享其成，别的企业培养好了自己来挖，最终的结果就是高技术工种的严重稀缺。因此，政府应当承担起这一任务，尽可能地提供与现代社会技术相适应的职业技能培训。特别是我国落后地区，恰好是能提供中高技能劳动产业力的地区，更要加大就业培训项目支持力度，使培训内容与现代技术适应。

另外，政府应当大力扶持高职院校的发展。2019年，国务院出台的《国家职业教育改革实施方案》提道，"职业教育与普通教育是两种不同教育类型，具有同等重要地位"，"到2022年，职业院校教学条件基本达标，一大批普通本科高等学校向应用型转变"。这也就意味着以后技能型、应用型人才是中国高等教育领域重要的方向。如果这一政策成功实施，那么对我国的产业转型也将产生积极的影响，产业转型的加速进一步促进对高技能人才的需求，两者相互促进，实现良性循环。

刚才我们讨论的是我国就业市场长期的一个状态，自然解决方法也是偏向长期的，我们现在再来看看最近发生的情况。2020年对于中国和世界都是不寻常的一年。上半年由于新冠疫情的影响，我国整个经济受到了较大的冲击，不少民营企业、个体户不得不停工停产，就业市场面临着严峻的挑战。这一类失业情况属于我们讨论的第二种：由有效需求不足导致的非自愿失业。

从图4可清晰地看到，在新冠疫情暴发的2月，城镇调查失业率从1月份的5.3%猛升至6.3%，创下自2018年公布该数据以来的新高。此后，随着疫情得到控制，失业率有所回落，但是 5 月份仍维持在 5.9% 的相对高位。正常情况下中国的城镇调查失业率一般在 5% 左右，现在只上升了 1 个百分点还不到，似乎与人们感知到的就业形势的严峻性有较大出入。但需注意，5 月份我国尚有 1.2% 就业人口处于"在职未就业"状态，如果把这部分人统计进来，那么，失业率可能达 7.1% 左右。如果这样较高的失业率一直维持的话，那么意味着我国经济在疫情的影响下产生了周期性失业。

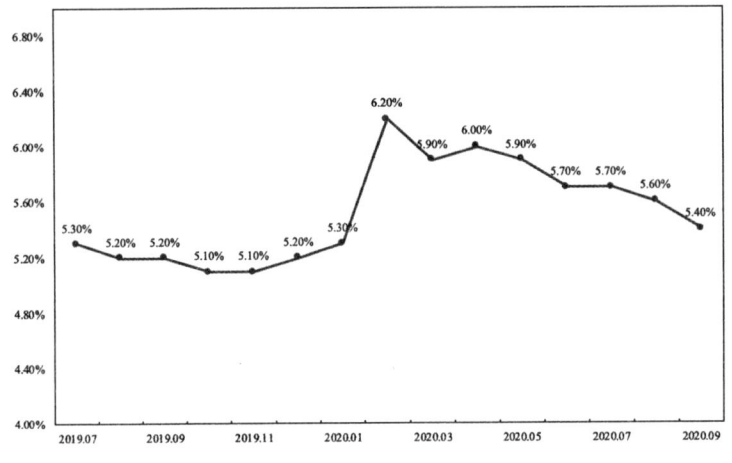

图 4　城镇失业率（2019 年 7 月—2020 年 9 月）

当然，我国政府并没有让这个状况持续，正如习近平总书记 2020 年在考察和会议中多次强调的，"要实施好就业优先政策，根据就业形势变化调整政策力度，减负、稳岗、扩就业并举"。作为劳动力需求的主力大军，中小企业也得到了各部委的大力支持，比如 2020 年 2 月，工业和信息化部印发了《关于应对新型冠状病毒肺炎疫情帮助中小企业复工复产共渡难关有关工作的通知》（以下简称《通知》）。《通知》明确将采取保障复工复产，加强对中小企业的财政扶持、金融扶持、创新支持等六方面 20 条措施，帮助广大中小企业坚定信心，强化措施，实现有序复工复产，渡过难关。中央财政通过增加赤字规模 1 万亿，同时发行 1 万亿抗疫特别国债等方式，大幅扩大地方转移支付规模，地方可用于扩大消费等方面。各级政府也纷纷出台了支持企业复工复产的政策措施。

前不久很火的地摊经济,也是政府在新冠疫情期间的就业政策之一,确实发挥了不小的作用。李克强总理在"两会"上说光是成都就带动了10万人就业,全国如果都开动起来,一个小地摊估计就能带动上千万就业。总的来看,服务业(比如地摊经济、餐馆、超市、环卫等)、建筑业(刺激经济的基建、房地产都需要建筑业)是困难时期吸纳就业的主要行业,政府的就业政策吸纳了上千万建筑工人、环卫工人、超市导购员、社区工作人员、餐馆服务员。针对2020年不少农民工滞留乡村的困境,人社部、农业农村部采取一系列举措积极推动扩大就业。摸清返乡农民工底数,了解区域用工需求,强化用工信息对接,对接就业岗位;引导各地实施农田设施建设、现代农业产业园建设以及农村人居环境整治等项目,拓展就业岗位;引导乡村企业采取灵活就业、共享就业、临时兼业等形式,激活就业岗位。到5月底,已安排返乡农民工就地就近就业800多万。

随着抗疫工作的顺利开展和复工复产,我国经济运行正逐步向常态化复苏,失业率逐渐回落,到9月降低到5.4%,与经济正常状态下基本持平,这意味着疫情下的周期性失业压力在政府政策的扶持下得到了缓解。

四、本章小结

保障就业稳定是一个长期的目标。促进就业稳定,需要多方面多维度的综合治理。综合以上讨论,针对不同的失业情形,政府应当采用不同的政策措施。为了减少摩擦性失业,政府需要提供完善的就业指导服务,创建信息交流平台,消除岗位转换之间的信息沟通不畅;为了减少结构性失业,政府需要加大职业教育投资,政府免费培训和市场职业培训相辅相成,提高就业者专业技能和素质;最后,当整体经济处于周期性衰退时,政府应当创造有效需求,拉动投资,增加就业岗位。

第七章

扩张性货币政策一定能刺激经济吗？

一、关注缘由

随着我国经济从高增长转向高质量发展的新阶段,宏观经济面临了国内发展不平衡和国际环境高度不确定的双重考验。如何在逆风环境下执行有效的宏观调控政策,是摆在政策制定者面前的一个重要难题。党的十九大明确指出,在新的发展阶段,要持续优化经济治理方式,着力构建市场机制有效、微观主体有活力、宏观调控有度的经济体系。该宏观战略传递了重要的核心信息,即要使得宏观经济运行良好,前提是市场机制能够有效运行,并发挥配置资源的积极作用,这样才能激发微观决策主体的经济活力,而积极适度的宏观政策则为良好的经济运行提供了政策支持。

宏观经济本质上是由每一个微观个体(如消费者、企业、金融机构)构成的。经济行为体现了每个微观个体的决策过程。显然,由于微观个体的异质性,体制机制摩擦可能会导致微观个体之间的决策出现显著差异。例如,中高收入群体和低收入群体,在经济下行阶段的消费和储蓄决策存在显著差异,中高收入人群会倾向于过度储蓄和调整资产配置来应对经济不确定性,而低收入人群则更可能降低储蓄,使得收入下降后仍能维持原有的基本消费水平。类似的,对于大企业,由于相对充足的流动性,经济不确定性上升可能对其投资决策影响有限,而对于中小企业而言,经济不确定性的上升很可能会使得这类企业因流动性紧缺而大幅削减投资。以上微观个体的异质性导致的行为差异,本质上反映了经济中的结构性问题。因此,在进行宏观调控政策尤其是货币政策制定时,需要充分考虑微观基础的异质性,做到精准定向。

很显然,不同经济体具有不同的经济结构,微观主体对宏观经济冲击的反应会有结构性差异，要理解货币政策如何影响宏观经济，需要有一个微观视角，并充分考虑每个国家的自身特征。为了更好地理解货币政策，本章聚焦以下三个核心问题。

1. 货币政策的作用机理是什么，其经典理论适合中国吗？
2. 中国的货币政策如何影响实体经济，背后的逻辑是什么？
3. 当前经济高度不确定的大背景下，如何制定科学有效的货币政策？

二、经典货币政策理论

我们首先从经典理论开始，介绍货币政策传导机制的核心思想。经典的货币政策理论主要基于凯恩斯的总需求分析框架。该理论第一次从宏观经济系统（一般均衡）的角度来讨论政策效应。该理论假设整个经济由货币市场、资本市场和商品市场构成。货币市场均衡由货币的需求和供给来确定。对货币的实际需求主要来自微观个体，如家庭、企业或金融机构。这里的实际需求特指名义货币 M 除以价格水平 P，因此反映的是货币对商品的购买力。凯恩斯理论认为，实际货币需求主要与非货币资产的名义利率 R 和实际产出 Y 有关。

名义利率 R 反映的是持有货币的机会成本，由于持有高流动性的货币并不获得利息或利息很低（如活期存款、余额宝等），如果其他资产的利率高，那么人们就不愿意持有货币，而更愿意把财富投资于具有较高利息的其他资产。因此，货币需求与名义利率呈负向关系。

实际产出 Y 某种程度上反映了人们对维持经济活动的流动性需求。例如，高收入群体，消费水平高，平时支出多，自然想要持有更多的货币。同理，大企业需要更多的现金来维持其高水平的经营活动。放到宏观层面，整个经济的实际产出反映了这个经济行为的总规模。商品交易需要货币支持，因此，总的实际货币需求与国家实际产出 Y 正相关。即将货币需求表示成 L

(R,Y)，货币需求 L 随着利率 R 下降或者产出 Y 上升而上升。

需要强调的一点是，凯恩斯理论认为价格在短期内无法自由调整，即价格具有刚性。其原因在于，调整价格有一定的成本，比如，餐馆如果要调价，需要换新的菜单，会产生成本，因此理性的餐馆老板并不会天天调价格。

以上是货币总需求，为了确定最终的货币市场均衡，凯恩斯又引入了货币供给。显然，中央银行是货币供给方，它确定整个经济中的货币存量水平。需要注意的是，对于微观个体而言，货币供给本身是外生给定的，即单个微观个体太渺小以至于无法直接影响货币供给。

有了货币需求和供给，我们可以来谈货币市场均衡，即货币供给等于货币需求。货币市场均衡可用一个简单的关系式来表示：

$$\frac{M}{P} = L(R,Y)$$

这个公式左边代表货币供给，右边代表货币需求。正如上文所分析的，货币需求随着利率的下降和产出的上升而上升。本质上，上述公式刻画了货币市场的均衡条件，它有两个重要的性质：

1. 如果政府实行扩张性货币政策（公式左边的 M 上升），那么在原有的产出水平下，名义利率将下降；

2. 给定货币供给（M）不变，名义利率和产出正向变动，即如果货币供给维持不变，一个国家的产出越高，那么名义利率就得上升，以确保货币供给等于货币需求。

第一个性质体现了货币供给影响利率的渠道；第二个性质则刻画了货币市场均衡下，利率和产出之间的正向关系，凯恩斯理论将该正向关系对应的曲线称之为LM曲线。当中央银行增发货币时，M 上升，LM 曲线向右移动（见图1）。以上是货币市场均衡。

为了完整地刻画整个经济的总需求，凯恩斯理论又引入了资本市场。简单地说，资本市场的需求来自企业的投资 I，显然利率 R 越高投资越低。资本市场的供给则来自家庭的储蓄 S，很显然，收入 Y 和利率 R 越高，家庭储蓄就越多。需要注意的是，该理论假设贷款、存款以及其他资产的回报率均对应同一个利率。资本市场均衡理论表明，储蓄 S 与投资 I 相等，即 $S=I$。该条件表明，资本市场均衡时，收入与利率是负向关系。这是因为，当利率下降时，企业投资需求会增加，同时家庭消费增多（储蓄减少），最终刺激产出上升。以上就是凯恩斯理论中的 IS 曲线原理（见图 1）。

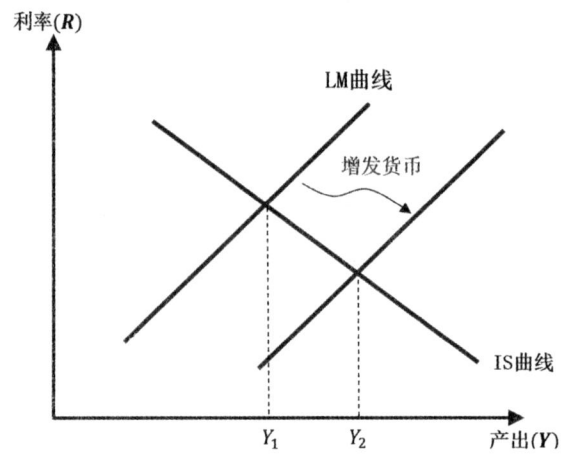

图 1　经典的货币政策传导机制

把货币市场和资本市场结合起来，我们就可以得到经典的货币政策作用机制。中央银行增发货币，通过货币市场渠道，导致利率降低（LM 曲线作用），更低的利率刺激企业投资和家庭消费（IS 曲线作用），使得整个经济的产出增加，最终达到刺激经济的目的。图 1 描述了上述货币政策的传导机制。货币增发，短期内 LM 曲线下移，在资本和货币两个市场均衡的条件下，整个经济的产出从 Y_1 变为 Y_2。

上述经典理论表明，扩张性货币政策能够刺激经济。事实上，经典凯恩斯理论中的货币政策有效性，依赖于两个关键假设：

利率渠道畅通，即增发货币能够直接通过货币市场降低利率（LM 曲线）；

利率刺激国内总需求渠道畅通，即降低利率能够有效地激发企业投资和家庭消费需求（IS 曲线）。

欧美等地区的成熟市场经济体，上述两个核心假设基本能够满足。然而，对于中国这样的转轨经济体而言，上述假设可能并不能满足，因此经典货币政策理论并不能直接用于指导现阶段中国的货币政策制定。接下来，我们从中国经济特征事实的角度，探讨经典理论的适用性问题。

三、对中国经济的适用性

由于金融市场的发展不完善，中国经济中的利率渠道并不畅通。20 世纪 90 年代，为了减轻国有企业融资负担，通过管制贷款利率来人为压低国企借贷成本，导致利率并不是由信贷市场供求确定。这导致存贷款利率之间存在由政策引起的非市场价差，阻碍了利率传导机制。由于利率无法起到信贷市场价格信号的作用，在很长一段时间内，我国的货币政策并不能像发达国家一样，实行价格规则（如盯住通货膨胀和产出缺口的泰勒规则），而是主要以货币增速为主要政策工具，即数量规则。然而，由于现实经济中的货币需求很难估计，数量规则表现较为粗放，对经济的逆周期调控作用大打折扣。在市场摩擦严重的情况下，甚至会产生副作用，具体见下文讨论。为了畅通利率传导机制，让其充分发挥市场价格信号，央行进行了循序渐进的利率市场化改革，从 2000 年初的放松贷款利率上下限，到 2015 年放开存款利率管制，货币政策也将从粗放型数量规则逐步向精确型价格规则转变。总体而言，虽然利率渠道不完全畅通，但随着金融改革的日益深化，该机制得到了不断改进。

而由市场和体制摩擦造成的消费和投资扭曲行为，是传统货币政策在中国缺乏有效性的核心因素。消费方面，家庭的强预防性储蓄动机导致货币政策对消费的刺激作用有限；投资方面，信贷市场摩擦导致的资源错配，显著减弱了货币政策对实体投资的刺激作用。下面，我们分别从消费和投资两方面进行详细的讨论。

(一) 为什么传统货币政策对消费刺激作用有限?

要理解货币政策影响消费的机制,我们首先从家庭的消费行为谈起。消费和储蓄是一个硬币的两面,给定收入,消费越多储蓄就越少,反之亦然。从经济学角度看,储蓄行为本质上是将今天的购买力转移至未来。如果未来经济的不确定性上升,那么人们就倾向于储蓄更多,以防不时之需。此类储蓄称为预防性储蓄。

在凯恩斯理论中,消费被简单地假设为与收入相关,收入越高,消费越多。在经济学中,通常用边际消费倾向(即一单位收入上升会增加多少单位消费)来刻画消费的边际意愿。这里的关键假设是,消费的边际意愿是不变的。现实中,穷人的边际消费意愿大于富人,且消费意愿会显著受到经济环境的影响,信贷市场的摩擦会加剧家庭的预防性储蓄动机。例如,收入的不确定性上升,表明未来家庭收入下降的概率会增大,如果家庭面临严重的借贷约束,即在无法维持正常支出时,不能从其他渠道借到钱,那家庭就会储蓄更多,以防未来流动性短缺。因此,经济不确定性上升会降低那些有流动性约束的家庭的消费意愿,并增加预防性储蓄的意愿。上述消费行为理论,对于理解当前经济高度不确定下的消费低迷现象尤为重要。图2画出了中国家庭的消费意愿指数与经济不确定性的时间序列。由图2可以看到,从2018年起,由于国际经济政治形势日趋复杂,经济不确定性快速上升,家庭的消费意愿也显著下滑。统计上,两者间呈现负相关性,相关系数为-0.32。以上是针对有储蓄能力但受到潜在流动性约束的家庭(如中等收入人群)。对于那些没有储蓄、收入仅维持基本生活水准或者月光族而言,其边际消费倾向通常最高,理论上接近于1(等于收入)。因此,货币政策要刺激此类人群的消费,关键在于提高他们的劳动收入,完善社保体系。对于高收入人群而言,他们财富水平高,受到流动性约束的程度也最低。此类人群通常通过对多种类型资产（如房产、货币资产等）的配置来管理财富（或储蓄）。最新的理论研究（Kaplan, Moll and Violante, 2018[①]）表明，当扩张性货币政策降低利率后，该类人群会将货币资产转向其他类型的资产，而不是直接增加消费。因此，货币政策对这类人群的消费影响较弱，主要通过影响他们的投资决策来影响经济，即资产配置效应。

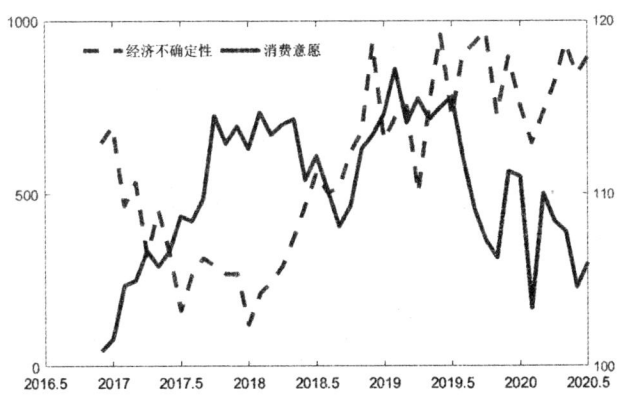

图2 经济不确定性与家庭消费意愿

注：经济不确定性由经济政策不确定性指数刻画。
数据来源：Baker 等（2018）[②]；消费意愿指数刻画来自 CEIC 数据库。

经济不确定性上升时，增发货币会导致家庭储蓄增多。这里的家庭主要针对的是有储蓄能力的中高收入人群。在标准理论中，储蓄会通过资本市场转化为投资，那么现实经济中，增加的储蓄是否一定能带来实体投资的上升呢？要回答这个问题，我们需要从家庭的资产配置行为角度进行分析。当家庭增加储蓄时，会进一步配置不同类型的资产。例如，配置银行存款、配置

---

① Kaplan, G., Moll, B. and Violante, G.L., 2018. Monetary policy according to HANK. American Economic Review, 108(3), pp.697−743.
② Baker, S.R., Bloom, N. and Davis, S.J., 2016. Measuring economic policy uncertainty. The Quarterly Journal of Economics, 131(4), pp.1593−1636.

理财产品、购买不动产或者进行实体投资等。

经济不确定性上升会显著改变理性投资决策，使得家庭配置更多的保值或者流动性资产，此类资产统称为安全资产。然而，流动性资产和保值资产往往不具备生产性，因为生产性的实业资本在经济下行期具有一定的风险。这表明，对安全资产的刚性需求会导致扩张性货币政策带来的流动性，引致"脱实向虚"现象，从而大大降低货币政策对实体经济的刺激作用。例如，当经济形势非常不乐观、充满不确定时，投资者会更偏向于安全的高流动性的货币资产（如短期银行存款等）。这会进一步导致信贷市场出现流动性陷阱，并出现资本外流、货币贬值的现象。这里的流动性陷阱指的是，供给端（如银行）的流动性其实很充裕，但是需求端（如实体部门）并不能够获得流动性，资本价格无法通过市场机制推动供求平衡。

图3左上画出了经济不确定性与货币流通速度的时间序列。2013年中国经济进入新常态，整个宏观经济的不确定性不断攀升，而货币流通速度则开始了第二波下滑。根据货币数量恒等式，货币流通速度被定义为名义GDP与名义货币存量（M2）的比值，其反映的是货币支持实体经济的效率，流通速度越快，代表一单位货币所能支持的经济活动就越大。在数字支付迅猛发展的时代，货币流通速度应该迅速上升，因为电子支付手段使得我们无须依赖纸币来进行经济活动。然而，现实数据却与直觉完全相反。这表明，同样数量的经济活动需要的货币越来越多。这在很大程度上反映了经济中的货币并未很好地支持实体经济。该现象也与我们上述理论相符，即经济不确定性上升，导致人们更愿意在资产配置时持有更多的流动性资产，以作为预防性储蓄。由于该类资产并不具备生产性功能和交易目的，因而也不支持实体经济。该现象本质上体现了"流动性陷阱"的困境，即央行通过数量型工具释放的流动性会由于非生产性部门（家庭）对流动性资产的预防性储蓄动机，而最终无法被有效地引导至生产性部门，导致货币政策的低效率。类似的，图3画出了经济不确定性下的外汇储备与人民币汇率动态。其中右上图显示，新

常态时期，经济不确定性的上升伴随着外汇储备的大幅下滑，这体现了国内资本外流的动态趋势。左下图显示，资本外流的同时，人民币兑美元汇率上升，即人民币呈现贬值趋势。

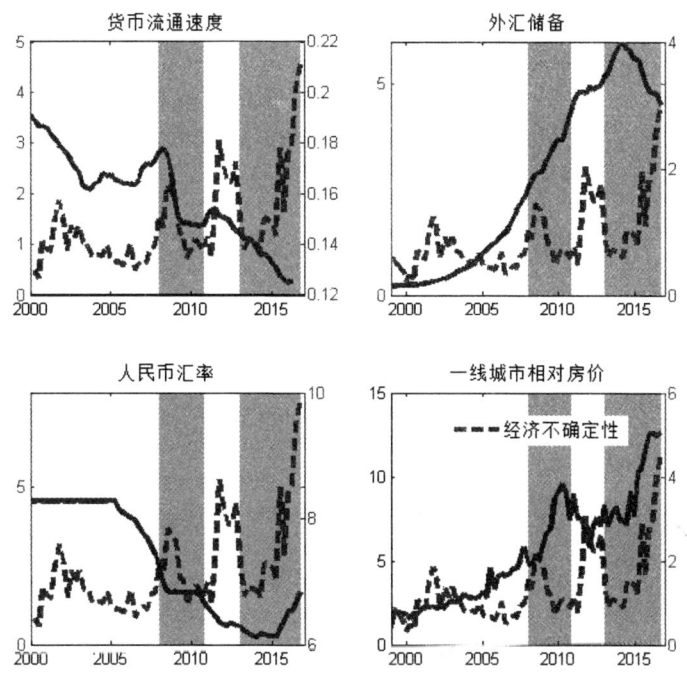

图3　经济不确定性与资本市场动态

注：货币流通速度定义为名义GDP/M2存量；人民币汇率为人民币—美元汇率，升高表示人民币贬值；一线城市相对房价的定义为北京上海平均房价与全国其他非一线城市平均房价的对数差；以上数据均来源于国家统计局。经济不确定性为经济政策不确定性指数，数据来源于Baker等（2018）①。

此外，经济不确定性下的资产配置行为同样会对中国的房地产市场产生显著影响。中国经济中安全资产相对稀缺，例如，资本管制政策会使得投资国外资产的成本较高，中国股市的大幅波动，也使得股票并不是一个相对安

---

① Baker, S.R., Bloom, N. and Davis, S.J., 2016. Measuring economic policy uncertainty. The Quarterly Journal of Economics, 131(4), pp.1593−1636.

全的保值资产。上述金融市场的不完备性使得大城市（特别是一线城市）的优质房产成为保值投资的重要备选。当经济下行、不确定性上升时，投资者更倾向于配置优质房产来保值。图3右下图描述了经济不确定性与一线城市房价的动态关系。由图3可见，2013年后，经济不确定性的快速上升，伴随着一线城市房价新一轮的繁荣。

理论上，非生产性的金融资产价格（如房地产价格）上涨会进一步对微观企业实体投资产生两种作用，一种是抵押品渠道，即资产价格上升使得资产能够用于抵押的价值增大，从而有利于企业从银行融到更多资金；另一种是投资替代渠道，资产价格上涨会使得企业更有动机把资金转向金融资产投资，从而直接挤出实体投资。后一种渠道对实体经济产生正向作用，而前一渠道则产生负面作用。究竟哪种作用更大呢？最新的微观实证研究表明，中国经济信贷市场的不完善，使得抵押品渠道作用并不大，而投资替代渠道表现得更重要。一个典型的案例是，2017年多家上市公司借着房地产市场的繁荣，通过投机性的交易房产来提高公司业绩，美化报表。由此可见，扩张性货币政策如果导致金融资产价格过热，会进一步引发实体企业进行投机性金融交易，这会对实体投资产生负的挤出效应。

在以上讨论的资产配置动机下，逆周期的大规模货币扩张，推高储蓄的同时，却不能有效地将新增流动性传导至实体经济，大量的流动性会流入非生产性的金融资产，从而造成所谓"脱实向虚"，挤出实体经济投资，最终减弱货币政策对实体经济的刺激效果。图4描述了经济不确定性与实体投资的时间序列。很明显，2013年后，经济不确定性上升伴随着实体投资的快速下滑。

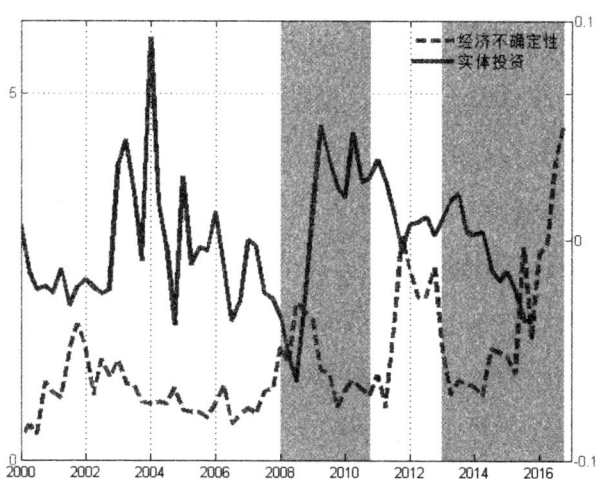

图4 经济不确定性与实体投资

注：经济不确定性为经济政策不确定性指数，数据来源于 Baker 等（2018）[1]。实体投资是指经过价格调整的资本形成环比增长率，数据来源于国家统计局以及作者计算。

上述分析表明，在经济面临高度不确定性时，家庭的预防性储蓄动机会变得更强。在此情况下，扩张性货币政策并不能有效地刺激消费。与此同时，由于投资者的资产配置会倾向于安全保值资产，扩张性货币政策导致的新增储蓄并不能有效地传导至实体经济，相反更可能会引起经济的脱实向虚，从而削弱货币政策对实体经济的刺激作用。因此，当前货币政策，须科学精准，保持货币增速与名义 GDP 增速较为一致，避免货币流通速度持续下滑以及超发货币导致非生产性部门过度繁荣。

（二）理解货币政策，银行部门至关重要

经典的凯恩斯货币政策理论的另一个缺陷在于，没有充分考虑银行的行为。作为信贷供给方，银行部门在我国信贷市场上扮演了举足轻重的角色。

---

[1] Baker, S.R., Bloom, N. and Davis, S.J., 2016. Measuring economic policy uncertainty. The Quarterly Journal of Economics, 131(4), pp.1593−1636.

中国人民银行的数据显示，截至 2020 年 9 月，银行贷款占整个社会融资规模的比重达到了 60%，说明银行贷款仍然是国内企业融资的主要方式，因此讨论货币政策须重视银行部门的行为。

下面，我们简单说明为什么银行的行为可以影响货币政策。商业银行本质上是一个金融中介，从储户（可以是家庭、企业或其他金融机构）那里获得存款，并将存款以贷款的形式配置。从资产负债表的角度，存款本质上是银行的负债，而贷款则是银行的资产。由于存款和贷款的期限有错配，为了防止银行出现挤兑等问题，根据监管规定，银行需要留存一部分存款作为准备金，这部分资金银行是无法直接使用的。央行可以通过诸如公开市场操作买卖有价证券来调节银行的超额准备金（超出法定准备金的部分），或者直接调整法定准备金率，以此来调控市场流动性。图 5 用一个简单的资产负债图来说明货币政策如何影响银行的资产负债表。当央行进行宽松货币政策时，比如，通过公开市场操作买入政府债券，就能扩大银行的资产端信贷规模，最终向市场释放流动性，表现为银行可贷资金变得更多，具体见右图中虚线框部分。

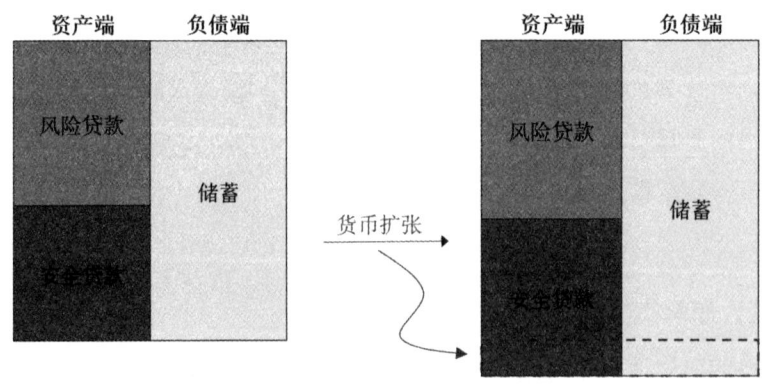

图 5　货币政策对商业银行资产负债表的影响

那么央行通过银行部门向市场释放流动性，是否一定能够刺激实体经济呢？这取决于商业银行的资产配置行为。现实中，为了防止商业银行在资产配置时追求高风险高回报的投资，监管当局会要求商业银行对其资产端的风险进行管理。例如，根据巴塞尔Ⅲ协议，商业银行的资本充足率（资本净额与风险加权资产的比率）需要达到一定的要求，如需要满足11%的最低要求。因此，受严格的监管约束，银行会对其资产端的风险进行管理。图6比较了巴塞尔Ⅲ协议执行前后，某五大行不同等级贷款的分布图。可以明显地看到，在执行了巴塞尔Ⅲ协议之后，由于更严格的风险管理，银行资产端安全贷款（等级为AA+和AAA）的比例较之2013年前明显上升。

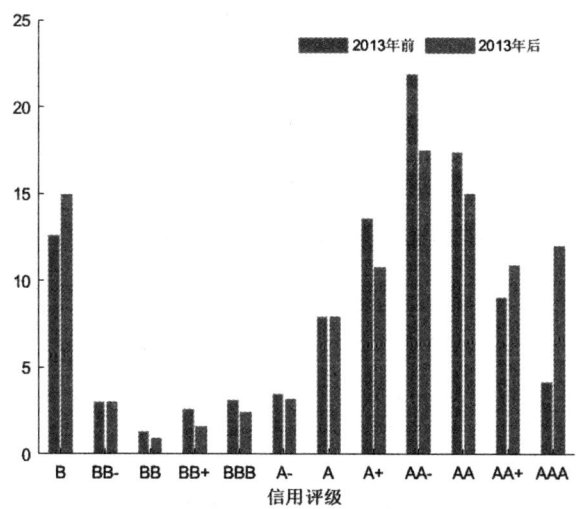

图6　商业银行不同等级贷款分布（2013前后）

数据来源：Li, Liu, Peng and Xu (2020)[①]。信用评级越高，代表该笔贷款的违约风险越小。

当央行进行宽松的货币政策时，银行的资产端随之增大，如果银行将全部新增流动性配置风险较高的贷款，那势必会增加整个资产端的风险。因此，

[①] Li, X., Liu, Z., Peng, Y. and Xu, Z., 2020, October. Bank Risk-Taking and Monetary Policy Transmission: Evidence from China. Federal Reserve Bank of San Francisco.

为了达到监管要求，银行会将一定比例的新增流动性配置于低风险低回报的贷款。中小企业往往事前风险较大，而大企业或国有企业相对安全。因此，在扩张性货币政策下，商业银行倾向于将新增流动性的一部分配置于大企业或国有企业。很显然，在经济下行期，占经济主体的中小企业比起大企业更需要流动性，而银行的资产配置行为，使得扩张性货币政策带来的流动性并未有效地配置于中小企业，从而降低了货币政策对实体经济的正向刺激作用。Li，Liu，Peng and Xu（2020）[1]基于贷款数据，研究了银行风险管理对货币政策有效性的影响。他们发现，当商业银行实行更为审慎的风险管理后，扩张性货币政策会导致银行更不愿意贷款给风险较高的私人部门，具体表现为非国有企业获得贷款的概率下降25%左右，从而降低了货币政策对实体经济的扩张性效果。

（三）增发货币一定会引起通货膨胀吗？

前文我们通过经典凯恩斯理论结合现实经济，介绍了货币政策对实体经济的作用。一个公众很关心的问题是，增发货币一定会引起通货膨胀吗？或者说通货膨胀是由于央行的钱印多了吗？上文的讨论表明，增发货币与通货膨胀之间并不一定正相关。在正式讨论之前，我们先来看看现实数据中货币增速与价格指数之间的关系。

图7画出了外生的货币政策冲击序列和价格指数（GDP平减指数）同比增速。货币政策冲击是基于严谨的统计方法（Chen，Ren and Zha，2018）从中国的M2序列中构造的外生冲击过程。这个序列可以看成是并未被市场预期到的央行对货币供给的调整。该图显示，货币政策与价格指数之间在某些时期呈现显著的负向关系，而在其他时期则表现为正向关系。例如，2004年至2007年金融危机前，货币增速与价格指数反向变化（相关系数显著为负），

---

[1] Li, X., Liu, Z., Peng, Y. and Xu, Z., 2020, October. Bank Risk-Taking and Monetary Policy Transmission: Evidence from China. Federal Reserve Bank of San Francisco.

这说明货币政策并不是造成通货膨胀（价格水平上涨）的主要原因。而在金融危机后的短时间内（2008—2009年），货币政策与通货膨胀迅速变为正相关，一个可能的原因是4万亿刺激计划带来的货币与信贷扩张，极大程度上拉动了总需求，导致价格水平迅速攀升。类似的现象发生在2013年至2015年的紧缩货币政策期间，两者呈现显著正相关，随后相关系数迅速减弱。

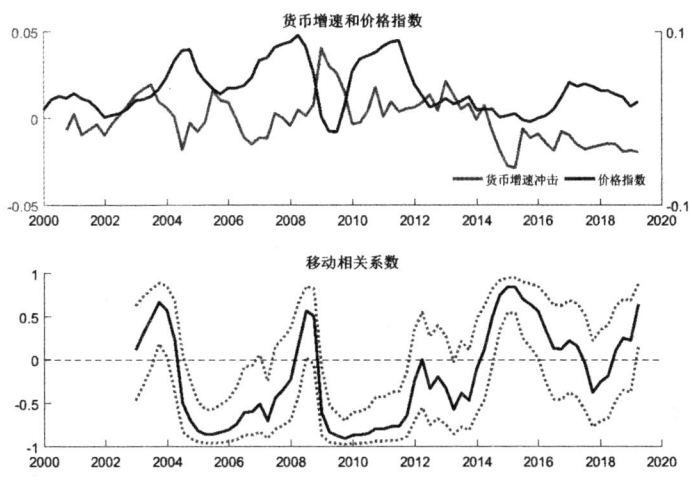

图7 货币增速与价格指数动态

注：货币增速是指M2的增长率，价格指数是GDP平减指数。移动相关系数是指这两个时间序列在某段时间内的相关系数，负代表两者负相关。在计算时，我们采用12期窗口。虚线为95%的置信区间。
数据来源：国家统计局。

从理论来说，货币增发引起通货膨胀取决于货币是否以及如何进入实体经济。

首先，具体而言，我们前文的讨论表明，如果增发的货币大部分被经济主体以非生产性投资的形式持有，那么通货膨胀就不会出现。例如，在经济面临很大不确定性时，扩张性货币政策并不能够有效刺激总需求（消费和实体投资），反而会由于家庭或企业的预防性动机而被用于投资相对安全的或流动性强的非生产性资本（比如大城市的房产、黄金等），进而引起资产泡沫、资本外流等脱实向虚问题。在此情况下，扩张性货币政策自然不会引起通货膨胀，但很可能会导致资产泡沫。需要注意的是，房地产业繁荣并不代表总产出一定会上升，因为只有房地产部门的新增固定投资才对当期GDP有贡献，而存量房地产的价格上升（如房地产泡沫）本身并不会贡献GDP。

其次，如果新增货币能够被传导至实体经济，那通货膨胀动态取决于货币政策如何影响供给端和需求端。如果新增的流动性能够有效促进企业生产，如让更多高效率企业获得流动性并提高其产出，那么总供给就会增加，从而使价格水平下降。在此情况下，通货膨胀并不会因为增发货币而变得严重。从经济理论上说，这种情况对应于货币政策能够将总供给曲线向上移动。另一种情况是，供给保持不变，扩张性货币政策能够增加总需求，并引起价格水平上升，即通货膨胀。从经济理论上说，这种情况对应于总供给曲线斜率为正，货币政策将总需求曲线向上移动。

四、小结与政策启示

通过扩展经典凯恩斯货币政策理论，我们讨论了货币政策如何影响中国这样的转型经济。总体而言，扩张性货币政策对我国宏观经济能否起积极作用，取决于两个因素：第一，货币供给变化是否能够有效传导至利率；第二，扩张的货币供给是否能够有效进入实体经济，促进家庭消费和企业投资。

其中，第二点尤为重要。新增货币（或流动性）与实体经济间传导机制不畅通，本质上反映了我国经济中的体制机制摩擦及其引致的资源错配问题。家庭的边际消费意愿低，体现了流动性约束下，家庭无法有效平滑消费、过度储蓄的行为。投资者（如高收入家庭）在经济高度不确定性下，将更多资产配置于安全性、流动性资产的动机，导致资产泡沫化、脱实向虚问题，则体现了金融市场优质安全资产供给缺乏、投资渠道单一的结构性问题。扩张货币政策下，银行部门出于自身风险管理考量，将更多的流动性导向相对安全的大企业和国有企业而忽视中小微企业的信贷行为，则本质上体现了信贷市场摩擦以及金融中介与货币当局的激励不相容问题。

上述市场不完备下的异质性微观主体的决策行为，降低了货币政策刺激宏观经济的积极作用。这对当前经济高度不确定性下的货币政策制定具有如下几点启示。

（一）货币政策须精准定向

不同类型的决策主体具有不同的政策反应，因此，要提高货币政策效率，须充分考虑政策作用对象的微观异质性，尽量做到精准定向，避免大水漫灌。刺激消费方面，货币政策须针对不同收入群体，制定科学的政策工具。较低收入群体的边际消费倾向较高，因此对该类人群的扩张性货币政策，能够提升政策对消费的刺激作用。例如，最新的研究表明，在新冠疫情期间，对中低收入人群发放消费券能够产生非常大的乘数效应，从而有效刺激此类人群的消费。对于中等收入人群，其边际消费倾向弱的主要原因是预防性储蓄动机。因此，刺激该类人群的关键在于减弱流动性约束、完善社保体系，以此来降低预防性储蓄动机。对于高收入人群，其对非生产性安全资产的配置，是助推信贷市场"流动性陷阱"、资金"脱实向虚"、资产泡沫化的重要原因。因此，完善金融市场、提升储值性安全资产供给质量、优化投资渠道、降低因市场不完备而导致的安全资产刚需，能够有效提高货币政策效率。刺激投资方面，由于个体银行风险管理目标和货币当局刺激经济的激励不相容，在经济下行期，扩张的货币无法通过银行信贷有效地将流动性传导至占实体经济主导的中小微企业，从而减弱了政策有效性。因此，逆周期政策需充分考虑中小企业，实行定向的信贷政策，并制定相应的监管要求，以解决银行与货币当局的激励不相容问题。关于这点，我们将在探讨中小企业融资困境的章节做详细讨论。

(二) 注重多政策协调

从前文图3的分析可知,各类资本市场间具有很强的联动性。宏观经济的高度不确定性,会导致流动性、保值资产需求增加,体现为货币(债券)市场、外汇市场和房地产市场繁荣。其中,外汇市场繁荣会引起资本外流,人民币贬值,汇率波动增大;房地产市场繁荣会引起地产泡沫化,房价高企,挤出实体投资,恶化社会福利水平。这表明,稳定单个资本市场,会对其他市场产生负面的外溢效应。例如,限制房地产投资的稳房价政策(限购、限售等)会使得市场流动性由房地产市场流向国外安全资产和其他流动性资产(如理财产品),从而引起外汇市场波动并吹起其他类型金融资产泡沫(如P2P),因为国内资本总是需要寻求投资出口。同样的逻辑,旨在限制资本外流的资本管制政策,虽然能够稳定汇率,但同样具有副作用,将国内资金推向房地产或者股市,产生房地产或者股市泡沫。上述单一政策带来的资本市场负的外溢效应,均会因为非生产性资本市场过热而减弱货币政策刺激实体经济的积极效果。因此,提高货币政策效率,避免各政策间的负外部性,政策制定者须以宏观系统的视角,权衡各政策目标,以制定最优政策组合。

以上讨论是从技术维度给出了政策制定的相关思考,事实上降低货币政策有效性的根源在于我国金融市场发展不成熟而导致微观主体受到较为严重的金融摩擦,抑制了经济行为活力。因此,治本仍须在体制机制维度进行结构性改革,以畅通国内经济大循环,相关讨论详见第一章。

第八章

积极有为的财政政策

一、关注缘由

"积极的财政政策要更加积极有为",在 2020 年 2 月初召开的统筹推进新冠肺炎疫情防控和经济社会发展工作部署会议上,习近平总书记做出这一指示。这一表述在 2020 年的政府工作报告、2020 年上半年中国财政政策执行情况报告中被多次提及。针对财政政策的不断完善,党的十九大报告也指出:要创新和完善宏观调控,发挥国家发展规划的战略导向作用,健全财政、货币、产业、区域等经济政策协调机制。加快建立现代财政制度,建立权责清晰、财力协调、区域均衡的中央和地方财政关系。建立全面规范透明、标准科学、约束有力的预算制度,全面实施绩效管理。深化税收制度改革,健全地方税体系。

2020 年上半年,新型冠状病毒疫情在全球迅速蔓延,对各国经济均造成了巨大冲击,经济的平稳发展离不开积极财政政策的支持。图 1 绘制了全国历年第一季度财政收支情况,由图中可以看出,在新冠疫情等多方面因素的影响下,2020 年第一季度全国财政收入出现了显著的下滑,同时图中还显示财政收入和财政支出的缺口不断扩大,表明财政收支间的矛盾正进一步加剧。面对复杂严峻的国内外挑战,如何更为灵活有效地发挥财政政策的作用,成为我们亟须解决的重要问题。

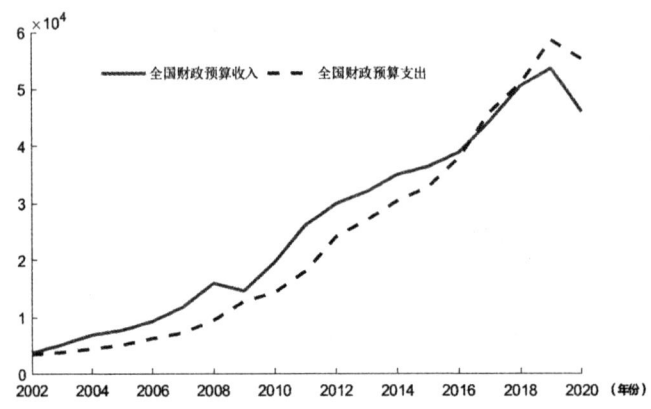

图 1　历年全国第一季度财政收支变化情况

数据来源：《中国经济景气月报》，单位为亿元。

在本章，我们首先将结合经典理论和我国现实背景，分析政府不同财政工具（包括减税降费、政府投资扩张等）对宏观经济的影响机制。其次，我们将基于多级政府主体的分析框架，从多个维度去理解财政决策过程中产生的行为摩擦，深入探讨我国财政政策制定过程中面临的困境和解决渠道。

具体而言，我们的讨论将围绕下述三个问题展开：

1. 财政政策影响宏观经济的传导路径是什么？其效应受到哪些因素的影响？

2. 财政政策的制定面临哪些约束？各级政府的财政决策的行为逻辑是什么？

3. 当前背景下，积极的财政政策如何更加积极有为？

二、财政政策的工具组合

（一）理论分析

在经济学中，积极的财政政策主要包括减税或者增加公共支出，因为二者对经济增长具有正向的促进作用。如图2所示,经济体的总产出由对最终产品的总需求(公众需要多少产品)和总供给(企业生产多少产品)决定,扩张性的财政政策能够通过需求和供给两方面影响宏观经济。左图表示短期情形下的供需均衡,由于物价水平具有黏性,短期内无法及时调整,因此短期总供给曲线为一条水平线,当经济受到外生冲击由均衡水平 $\overline{Y}$ 下降到 Y_1 时,财政政策可以通过刺激需求推动总需求曲线右移,从而稳定经济增长。右图表示长期情形下的供需均衡,长期价格水平可以进行自由调整,因此长期总供给曲线为一条竖直线,如果希望通过财政政策进一步刺激经济增长,那么政府必须着眼于供给侧,通过推动长期总供给曲线右移使得长期均衡由 $\overline{Y}$ 达到一个更高的水平 Y_2。接下来,我们进一步介绍财政政策通过供给端和需求端影响宏观经济的具体路径。

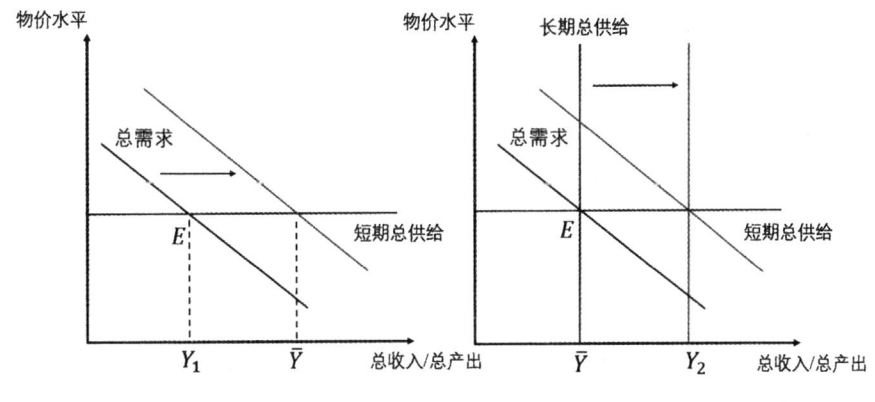

图2 财政政策对宏观经济的影响

从需求端来看,减税和政府支出增加,在短期内能够扩大经济主体对最终产品的消费需求,从而推动经济的增长。例如,从2008年出台的"家电下乡"政策到2020年上半年发放的消费券,从个税起征点上调再到针对小微企业的减税降费政策,这些政策的实施能够直接提升居民或者企业所有者的可支配收入,扩大经济体的总需求,进而推动经济的增长。此外,经典的凯恩斯理论表明，财政政策对总需求的影响具有乘数效应。这是因为政府支出的扩张将直接带来总收入的增加，起初这些资金会流向投资者、供应商或者福利救助的直接受益人，他们进而将这部分额外收入消费掉，从而使得经济活动增加。经济活动增加又带来总收入的上升、公众的消费上升，如此无限循环，财政扩张的经济效应将超过投入的财政资金本身。

从供给端来看，财政支出的扩张可更多地用于提供公共物品和准公共物品，特别是那些无法由私人部门提供的公共品。一方面，政府的生产性支出能够影响企业的生产过程，如为企业生产提供必需的基础设施，进而推动私人部门产出，但过高的政府投资也将挤占高效率企业的资源，对经济增长产生"挤出效应"；另一方面，政府可以为经济活动提供更完善的市场环境，并通过调整财政支出结构提升经济发展的质量。需要指出的是，相较对总需求的影响，财政政策对总供给具有更持续的效应。这是由于长期价格水平能够自由调整，当总需求小于总供给时，物价的上涨将导致公众的需求降低，使得经济回到最初的均衡水平，此时财政支出扩大只能带来价格水平的上涨，对于经济产出将不会发挥任何实际效应。相反，如果财政政策能够在根本上提高供给端配置效率，促进生产效率的提升，从"质"和"量"上推动总供给的提升，那么将更有助于实现经济的长期稳定发展。

关于财政刺激对于总产出的影响，基于不同的理论分析框架，或使用不同的实证方法，往往会得到不同的估计结果。陈诗一和陈登科（2019）[1]的研究结果表明，我国的财政支出乘数小于世界主要发达经济体，因此，如何有效提升财政政策的乘数效应是当前政策制定者面临的一个重要问题。接下来，我们将基于经济学原理，结合我国现实背景，针对减税降费、政府支出扩张两种积极的财政工具，探讨影响财政政策的实际效应的影响因素，为政策的不断完善提供参考。

---

[1] 陈诗一、陈登科：《经济周期视角下的中国财政支出乘数研究》，《中国社会科学》2019年第8期，第111-129页。

(二）减税降费

减税降费作为财政政策的重要工具之一，对于我国宏观经济的实际效应如何，怎样制定精准化的减税政策和方案？我们首先将结合经济理论和实证经验，分析减税降费对于消费部门、生产部门、出口企业以及资源配置的具体影响及作用机制。

首先对于消费者而言，减税降费主要通过收入效应和价格效应两个机制影响其消费行为。收入效应主要针对直接税，即直接向个人收入、企业收入、投资所得及财产征收的税款，直接税适用税率的下调可以使公众（包括家庭和企业所有者等）的可支配收入增加，进而推动消费。价格效应，则是针对间接税，包括增值税、营业税、消费税、关税等，间接税主要基于商品的价格征收。间接税的减免相当于商品降价，同时间接税也降低了企业的运行成本，促使商品价格下降，在收入给定时，消费者愿意消费更多的商品。需要指出的是，减税降费对消费的实际影响，还取决于公众的边际消费倾向和对未来收入的预期。对于低收入群体而言，给定同样数量的可支配收入增加，这部分群体将更多甚至完全用于消费，以满足基本的生活需求。由于更高的边际消费倾向，减税能够有效刺激这部分群体的消费。而对于中高收入群体而言，对于减税政策所带来的可支配收入，他们会选择将其消费掉或储蓄起来，而当经济的不确定性增加时，公众将明显地出现谨慎性消费动机和预防性储蓄倾向，以应对未来的收入下降风险，这会削弱减税政策的实际效应。

图 3 给出了个人所得税总额和社会消费品零售总额的变动情况。从图中看出，在 2008 年 3 月和 2011 年 3 月两次个人所得税制度调整对应的时间窗口[①]，税收和社会消费品零售呈现出显著的负相关关系（即移动相关系数为负），表明这两个时期内减税政策确实能够促进消费的提升。而在 2018 年个

---

① 2008 年 3 月，新修订的《中华人民共和国个人所得税法》和《中华人民共和国所得税法实施条例》实施，将工资、薪金所得减除费用标准由 1600 元/月提高到 2000 元/月。2011 年 3 月 20 日，十一届全国人大常委会开始审议个人所得税法修正案草案，将现行工薪的 9 级超额累进税率修改为 7 级，取消 15% 和 40% 两档税率，扩大 5% 和 10% 两个低档税率的适用范围。

税政策调整所对应的时间窗口①，二者并没有呈现显著的负向关系，根据在货币政策一章的分析，这段时期经济不确定性不断增加，这意味着，收入不确定性很大程度上削弱了减税政策对消费的实际效应，这与我们的分析是一致的。因此，减税政策应着力解决收入分配不平等和短期经济波动的问题，提高整体的宏观消费率，多措并举促进消费提质升级，增强消费对经济增长的拉动作用。

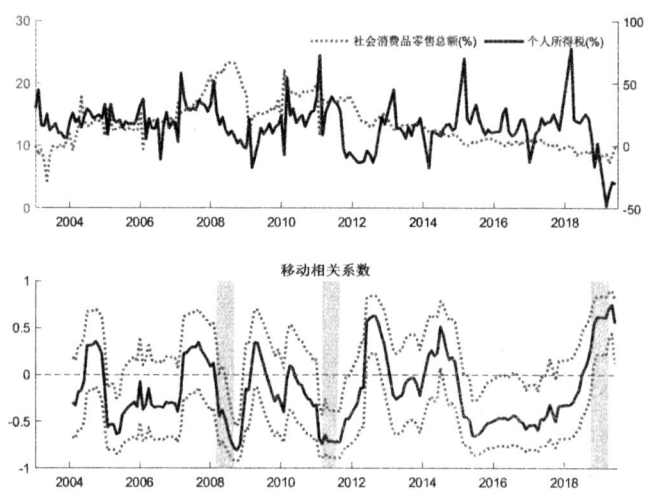

图3　个人所得税与社会消费品零售总额的变动情况

注：数据均为与上年同期相比的增长率，来源分别为《中国财政年鉴》和《中国统计年鉴》。移动相关系数刻画了两个时间序列在窗口期内的相关性，符号为正（负），意味着二者在这段时期内呈正（负）相关关系。此处，我们设定的窗口期数为13个月。

对于企业而言，减税降费政策主要通过减负效应、价格效应以及预期效应三个路径影响投资。减负效应是指，减税政策（特别是企业所得税和社保

---

① 2018年8月31日，第十三届全国人大常委会第五次会议表决通过了关于修改个人所得税法的决定，决定自2019年1月1日起施行，但"免征额"提高至每月5000元等部分减税政策，从2018年10月1日起先行实施。

缴费等直接税的减免），在短期能够减轻企业负担，使利润更多地留在企业内部，进而促进企业投资。减税政策，使得企业留有更多的资金用于研发创新和员工培训，进而通过提高劳动生产率和资本产出率，提高总供给的质量。其次是价格效应，与消费端相对应的，减税降费能够影响产品的价格，并改变消费需求，最终影响企业利润和投资。最后是预期效应，收入不确定性上升时，家庭在预防性地增持流动性资产的同时，也会对生产性风险资本的供给产生挤出效应，最终导致总需求变弱、经济下滑。减税降费政策有利于稳定企业家的投资信息，改善企业的回报预期，从微观层面激发经济主体的投资积极性。

在出口刺激方面，减税降费政策一方面可以通过价格效应和减负效应，影响出口企业的利润，提升出口企业相对于国际竞争者的成本优势，进而促进出口；另一方面，出口退税率的提高，能够直接降低外贸企业的出口成本，推动出口增长。白重恩等（2011）[①]的研究表明，2007年7月我国出口退税率的大规模下调，导致出口增长率下降了17个百分点，尤其对易引起贸易摩擦的商品的出口造成了更大的负面影响。

在资源配置方面，减税降费政策可以影响资本在不同行业、不同部门或不同地区间的配置，缓解信贷资源误配引发的经济低效率，优化产业结构和产业布局，促进人力资本和技术创新的积累，进而增强企业的长期竞争力和经济的整体活力。申广军等（2016）[②]的实证研究表明，减税的影响对于不同类别的企业存在明显异质性。对于融资约束较紧、对价格信号更敏感的私营企业、中西部企业和非出口企业，减税能够更有效地提高其固定资产投资，尤其是与生产经营相关的固定资产。因此，减税降费政策应该更多地倾向于中高端制造业、高技术服务业、绿色环保型产业，通过降低行政费用、减免

[①] 白重恩、王鑫、钟笑寒：《出口退税政策调整对中国出口影响的实证分析》，《经济学（季刊）》2011年第3期，第799-820页。

[②] 申广军、陈斌开、杨汝岱：《减税能否提振中国经济？——基于中国增值税改革的实证研究》，《经济研究》2016年第11期，第70-82页。

事业性水费等手段，缓解小微企业、"三农"主体融资难、融资贵问题，真正实现惠企利民。

（三）政府支出扩张

为了便于分析不同类型财政支出的经济效应，我们将政府的投资项目分为以下三类，低生产性资产（产能过剩和重复建设的项目）、高生产性资产（高端新兴产业和战略型产业）、服务性资产（包括教育、医疗、养老及其他社会福利等方面的项目）。

对于低生产性资产，一方面这些产业对该地区而言缺少发展上的比较优势，因此会长期依赖地方政府的财政补贴和优惠政策，造成所谓"僵尸企业"问题，既增加了地区的财政压力和债务负担，也挤占了地区对优势产业的资源投入，造成了资源的低效率配置，削弱国家或地区发展的竞争力。另一方面，重复性的建设，特别体现在汽车、住宅等高档消费品，以及平板玻璃、电解铝、钢材等工业产品方面，会造成市场的过度竞争，形成产能过剩的局面。特别是当国际环境不确定的背景下，长期积累的过度供给会造成国内市场严重的供需失衡，最终引发经济的迅速衰退。因此，虽然这些项目在短期内有较大的乘数效应，能够通过政府投资的直接作用，带动当地的经济增长，但从长期来看并不利于地区福利和发展质量的提升。

对于高生产性资产，政府应该加大财政支持力度，大力培育新动能，强化科技创新，推动传统产业优化升级。战略型产业和高技术产业，特别是人力资本密集型的产业，虽然在短期内或许并不具有盈利空间，因市场的逐利特性决定了其产业规模一定是小于有效规模的，但这些行业的发展从战略角度却能提供巨大的正外部性。因此，针对地区具有发展潜力的产业，政府应更多给予研发创新和人才培养方面的财政投入，为其创造良好的经营环境，如提供硬件建设，以及包含软件、制度环境、整体的数字化进程的新型基础设施，促进其形成规模经济和自主创新能力，从根本上提升地区的发展质量，使其在国际上具备核心竞争力。例如在中美贸易战的背景下，国内企业在高端芯片的生产上缺乏核心技术，因而导致整个产业链条面临瘫痪的风险，加大了经济增长的不确定性。

对于服务性资产，在经济社会面临重大事件（如新冠疫情）的冲击时，完善的服务型产业能够减轻重大事件带来的负向影响，有效地支持经济的逐步复苏。同时，社会服务体制的完善，有利于促进生产要素的自由流动，进而提高资源的空间配置效率，如教育基础设施的完善有助于解决流入人口子女的教育问题。从长期来看，在教育、医疗、养老及其他社会福利等方面的财政投入，能够促进人力资本和物质资本等生产要素的形成，提高平均的全要素生产率，进而促进经济增长。根据内生增长理论，在劳动投入过程中包含着因正规教育、培训、在职学习等形成的人力资本，在物质资本积累过程中包含因研究、发明、创新等活动而形成的技术进步。不断积累的人力资本和技术进步，解决了要素投入规模效应递减的问题，也就推动了经济的长期增长。

综合上述分析，政府应该不断优化财政支出结构，使其更多地用于提供或者支持对经济和社会发展具有较大"正外部性"的产品和行业，发挥市场对资源配置的决定性作用的同时，在市场配置缺位或者难以发挥作用的情况下扮演引导者和服务者的重要角色，从而为实体经济发展提供良好的市场环境，尽可能地减少政府支出对实体经济的"挤出效应"，从而在最大程度上提升财政政策对经济增长的乘数效应。

当下我国正面临经济发展的重要关口，需要更加积极有为的财政政策，但这并不意味着政府无限地增加政府支出或减少税收。因为财政政策扩张的程度也受到财政预算和债务规模的约束，过高的财政支出会引发高赤字问题，财政和货币决策的相互影响制约了财政政策的实际效应。另外，在我国财政分权的背景下，各级政府主体，尤其是基层的地方政府，均面临着十分严峻的财政收支压力，这限制了宏观税负的下行空间，还易引发地方政府债务过度积累、财政支出结构失衡等诸多问题,对实体经济产生挤出效应。因此,我们需要基于多政府主体的分析框架,来理解各级政府或不同部门的决策行为,更好地厘清多级政府间的关系,在有限的财政资源约束下实现更大的乘数效应。

(四) 财政与货币政策的协调

作为宏观调控的两大工具,货币政策与财政政策之间的相互作用会影响总产出和物价水平等宏观经济变量。经典的总需求理论认为,扩张性的财政政策与宽松的货币政策组合,能够防止利率上升,从而减轻财政政策对私人部门投资的挤出效应,更大幅度提高经济产出。一般来说,货币部门关注通货膨胀、长期的货币系统稳定和保持失业率在恰当的较低水平,而财政部门则更关注政府债务的可持续性、总产出和收入分配。因此,二者的政策目标既有共同之处,又有各自关注的重点。货币政策和财政政策不仅会影响自身的目标变量,也会通过宏观经济各个部门的传导影响另一个部门的政策目标变量,产生溢出效应。

近来引发讨论的财政赤字货币化问题就是一个典型的例子。财政赤字货币化与财政赤字债务化是解决财政赤字问题的两种途径。具体而言,当一个国家实施积极的财政政策或遭受经济的重大冲击时,可能会出现财政支出大于财政收入,即财政赤字的情形。此时,财政部门可以通过发行国债的方式弥补财政支出缺口。财政货币债务化,是指国债让居民购买,只是改变了钱在居民和政府间的分布情况,实际上没有增加货币供给。财政货币赤字化则与之不同,它是指央行增发货币,并在一级市场上直接购买国债来为财政赤字融资。

财政赤字货币化支持者的观点认为,财政赤字化可以动用更多的资源为扩张性的财政刺激融资,从而有效地克服内需不足、财政困难的问题。同时,通过发行政府债券的方式解决财政赤字,将占有更多的信贷资源,进而挤出私人部门投资，采用赤字货币化的方式则可以有效解决这一问题。此外，支持者还指出为赤字投放货币，能够让资金精准地作用到实体部门，从而使得货币政策的传导渠道更通畅。

然而，财政赤字货币化的良性结果，依赖于两个重要的假设。第一，财政部门能够保持良好的财政纪律；第二，公众对政府财政纪律的存在性和未来财政盈余的充足性有良好的预期。如果这两个假设无法成立，货币赤字化则会造成十分严重的后果。反对者的观点认为，赤字货币化将严重损害货币政策的独立性，在政府丧失财政纪律的情况下，央行被迫为赤字大规模融资，从中长期来看会导致货币超发，从而导致通货膨胀或资产价格泡沫（尤其是房地产市场），而严重的资产泡沫则会挤出实体经济，并引发金融风险。在开发经济的环境下，相对其他国家更大规模的货币超发，则会导致本币贬值，引发主权信用风险和货币危机。当这一情况出现的时候，赤字货币化付出的代价将是在未来很长一段时期的高额融资成本和巨大的偿债压力。另外，当公众对政府的财政纪律和未来财政盈余充足性失去信心时，不确定性将促使公众大量抛售政府债券，从而引发通货膨胀的进一步上升，公众的预防性储蓄动机也会进一步抑制消费和投资的增长，造成经济停滞和财政失衡的恶性循环。基于上述潜在恶果，反对者认为中国是高储蓄国家，尚有一定的财政和债务空间，财经运行在新冠疫情缓和后也出现了逐步回稳向好的态势，因此不需要采用货币化的极端方式来解决赤字问题。

从正反两方的激烈争议中，我们可以看出，尽管财政部门和中央银行在宏观大目标上有共同之处，如新冠疫情冲击下，二者的政策目标都包含了刺激总产出以降低疫情对经济的负面影响，但二者决策目标也存在差异，财政部门在推出一揽子财政政策的同时，也期望控制政府债务，因此有学者提出央行以零利率直接购买国债这一"财政赤字货币化"的方案。然而，央行出于稳定物价水平和保持货币政策独立性等多方面的考虑，并不认同这一方案。溢出效应的存在，使得在中央银行独立的体制下，两个部门不可避免地产生策略互动，从而降低政策执行效率；在具有更上层机构统一管理的体制下，两个部门更有可能进行政策协调。

具体而言，财政与货币部门相互独立决策时，货币当局和财政部门在各自的约束条件下，通过选择基于对方政策的最优反应，进行最优政策选择。财政和货币部门的政策博弈，最终决定了经济均衡，但这一均衡的结果也许无法达到社会最优的情形。而当存在一个更高层的管理机构将财政与货币政策统一协调时，则可以认为存在一个更高层级的决策者，将货币和财政政策目标纳入统一的目标中加以考虑，并且同时满足货币和财政部门的政策约束，进而进行最优政策选择。这一决策结果在符合两个部门利益目标的同时，又能更为有效地最大化政策组合的宏观效应。

三、各级政府间的互动

在我国财政分权的特殊框架下，地方政府的财政决策行为本质是一个约束下的政府投融资决策问题。可以把每个地方政府看成是一个决策主体，在资源约束以及政府债务管理等各类政策约束下去最大化自身目标。再细一点，地方政府作为一个决策主体，其目标肯定与官员的考核和晋升等因素有关。例如，GDP目标、环保目标、社会福利、就业水平等，都可以看成是地方政府的目标函数。政府面临的约束条件，第一个是预算约束或者说资源约束。第二个约束是融资约束，包括什么样的融资工具及融资数量，比如说，地方政府债务发行限额、地方政府融资渠道等。

与发达经济体不同，中国地方政府的财政决策和债务行为，本质上会有中国特有的问题，因此不能简单借用西方的经济理论，因为有些问题是西方没有的，这是我国体制机制上的一些特点，具体表现为如下三方面。

第一，中央和地方之间的行为摩擦。上下两级的目标不一样，中央要权衡全局，不仅要看全国的经济增长，也要看金融市场稳定。地方政府更关注当地的经济发展、投资效率、社会福利等。上下两级目标不一致，就会产生激励不相容的问题，这是中央和地方纵向的扭曲问题。

第二，地方和地方之间的行为摩擦。如果各地方政府在做决策时，只考虑当地的目标，每个地方都这样，就会产生所谓的外部性。比如，我在搞基建时，不考虑这个行为会不会影响你，这是第二个维度的扭曲。而且，该类扭曲会在区域间要素市场流动下，导致地方政府行为的外部性，因为各个地区本质上共享同一个宏观的要素市场。

此外，可能还会有第三个潜在的体制问题，地方政府间可能会产生区域竞争。如果有竞争，那么地方和地方之间就会有策略互动。有策略互动就会有外部性，比如说，一个地区的经济增速慢，那该地区的政府就会更有动力做公共投资，即便这类投资并不是全局意义上的最优。这样就会产生潜在的资源错配，比如说，过度投资、过度举债等问题。以上几个体制机制上的问题，会带来地方政府行为上的扭曲，可能进一步会造成地区财政支出结构的恶化和地方政府债务风险的增加。

理解各级政府或政府各部门的决策逻辑对于实现更加积极有为的财政政策具有重要意义，接下来我们分析上述摩擦对于减税降费政策和政府支出结构优化带来的潜在问题。基于前文的分析，减税降费对于经济的稳定增长和质量提升具有重要作用，但在当前特殊的经济环境下，减税降费政策的深化面临着地方财政收入缩减、财政支出刚性及可操作性困难等多方面挑战。

从收入端来看，一是财政分权背景下，财政资金较多地集中于高层级政府，基层政府常常依赖上级政府的转移支付和税收返还。图4绘制了2018年各省份财政自给率的分布情况。由图4可知，大部分省份的财政自给率在50%以下，且表现出显著的区域差异，这反映出地方政府（特别是中西部省份）面临着巨大的财政收支压力。二是"营改增"等减税降费政策出台，加剧了地方政府的税源减少。三是受政策管控影响，地方政府举债融资和土地出让收入增长受严格的规范管理，债券发行数额由上级政府根据复杂的计算公式确定。此外，外贸环境恶化、疫情冲击、人口老龄化等因素，造成了税基的减少，进而限制了宏观税负的下行空间。

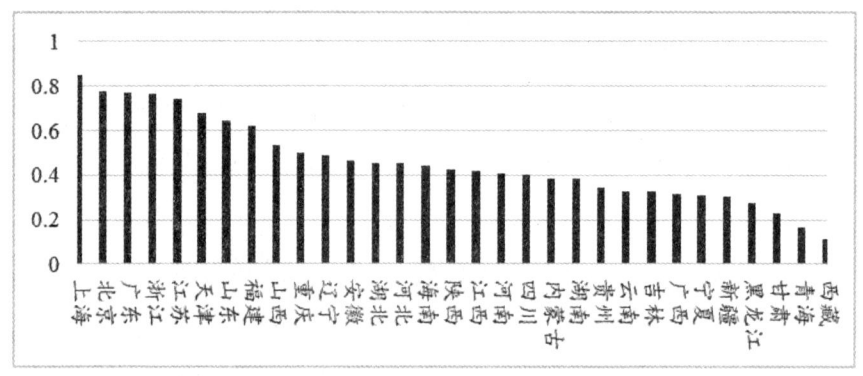

图4　2018年各省份财政自给率的分布情况

注：财政自给率的定义为一般公共预算收入／一般公共预算支出。这一指标越小，表明该地区面临的财政压力越大，财政支出需要更多地依赖于上级政府的转移支付和税收返还。

数据来源：《中国财政年鉴》。

从支出端来看，财政支出刚性主要有两方面的原因。一方面，地方政府事权不断扩大，地方政府需发挥稳定地区经济增长和提供基础性服务等职能，导致地方财政支出只增不减；另一方面，在我国"以收定支"的财政模式下，每年预算由年初的两会及人大审议后，可压缩空间不大。图5绘制了1978年起我国地方财政收支占全国财政收支比重的变化情况，图中地方财政收入陡坡式下降对应的时间点为1994年的分税制改革，从图5可以看出，长期以来我国地方政府面临着巨大的财政收支缺口。此外，从2000年开始，地方财政收支占比不断上升并在近几年趋于稳定，体现了上文提到的财政支出的刚性特征。

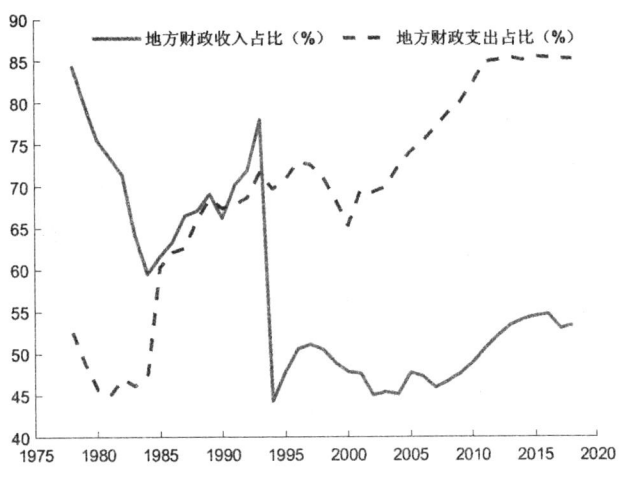

图 5 地方财政收支占全国财政收支的比重

数据来源：《中国财政年鉴》。

此外，我国税率变动的可操作性较差。在我国现行的 18 种税中，有 6 种税由全国人大立法通过。相较增值税，所得税的减税操作性难度更大。根据相关法律规定，企业及个人所得税的减税草案必须通过全国人大常委会审议讨论，再提交全国人大立法表决，然后由国务院相关部门制定实施细则。这增加了税率下调的时间成本，降低了财政政策的灵活性。

这些问题的解决，首先在于增强地方财政的"造血功能"，推动地方优势产业的发展，提升地方产业发展的综合实力，以培育优质税源、扩宽税基的方式解决财政收支不相匹配的根本问题。其次要消除制度上的摩擦，厘清中央和地方间的权责关系，逐步下放收入权力，健全财权和支出责任相匹配的财税制度，提升地方的财政自主权。此外，可以通过机制优化提高财政政策的灵活度（如增发专项债券、特殊形式的转移支付等），调动地方政府的积极主动性。

另外，之前的分析还表明，各级地方政府应该更多地将财政资金投向高生产性资产和服务性资产，这样更有利于地区发展质量的提升。但在实际中，财政支出结构的优化方向往往并非如此。正如前文所述,中央政府和地方政府有着各自的行为特征,在财政分权和官员考核的激励的双重驱动下,一些地方政府缺乏动力提供更多具有正外部性作用的公共物品,例如公共教育、传染病防控和治疗等,他们愿意将更多资源投入与晋升相关的地方性公共物品或者投资项目。如果以 GDP 增长为考核目标,为了保证当地经济发展的短期稳定,一些地方政府往往更多地将财政资金运用于"短平快"的低生产性项目,最终可能导致各类项目的重复建设、产能过剩的低效率均衡。如果以稳定就业为考核目标,一些地方政府就有足够的动机去补贴"僵尸企业",即便造成资源的误配。因此,财政收支结构的优化,同样需要协调中央与地方的关系,完善地方政府考核机制,设计合理的激励相容机制,实现整体和局部的双赢局面。地方政府不应被扭曲的政绩观驱使,在缺少专业研判能力的情况下轻率介入产业、危害产业,造成巨大的挤出效应,而要更多地顺应市场的配置规律,做好产业发展的引领者和服务者。对于中央政府而言,也要加强对产业区域分布的统筹布局,实现优质资源的集聚效应,集中优势力量突破关键核心技术领域,重点支持当前已经迈过技术和量产难关的优势项目做大做强。

◆ 案例:烂尾的半导体项目①

在市场和机遇召唤下,半导体产业兴起投资建设热潮。一时间,全国多家芯片制造厂拔地而起,造芯版图在中国各地散布。截至 2020 年 9 月 1 日,全国已有 9000 多家企业变更经营范围,加入半导体、集成电路相关业务。但近一年多来,多个半导体项目先后陷入烂尾、停产、劳务纠纷,其中规划投资达百亿级别的大项目就有多个。南京某半导体公司留下的烂尾项目,便是一个典型的案例。

---

① 参见《无人再提:那些烂尾的半导体项目们》,腾讯网,2020 年 10 月 19 日,https://new.qq.com/rain/a/20201019A01IY000。

这家半导体公司成立于2015年11月，总投资约25亿美元，规划生产电源管理芯片、微机电系统芯等。但在2019年11月5日，其被南京市栖霞区人民法院正式公布为失信被执行人。至此，这一占地17万平方米、号称投资30亿美元的晶圆厂项目，如今已沦为欠薪、欠款、欠税的"三欠公司"。问题出在了资金链上。本身缺乏融资能力、完全依赖政府财政的项目，匆匆上马也注定了其迅速烂尾。

类似的烂尾案例还有许多。烂尾所带来的财政浪费不说，多地急功近利的项目之间上演"抢人大战"，导致优质资源被分散，一些龙头企业单体竞争力反而被削弱，不利于我国芯片行业长期发展。这些案例充分体现了一些地方政府间过度竞争引发的资源配置的低效率问题。芯片行业是典型的人才密集、资金密集和技术密集的产业，不仅门槛高，还需要持续的巨额资金投入研发，运营期一般都在十年以上，这对地方政府的财政决策和服务水平提出了更高的要求。

四、地方政府债务问题

2008年全球金融危机爆发后，中国中央政府推出了一项规模达4万亿元人民币的刺激计划，以遏制经济放缓，地方政府被批准使用债务工具为其大规模的财政扩张提供资金，由此一些地方政府债务规模高速扩张。图6绘制了2010年以来我国地方政府债务总规模和债务占GDP比率的时间趋势。可以看出，地方政府债务规模呈现出显著的上升趋势，在总规模上，从2010年的6.6万亿元增加到2014年的15.4万亿元（左图）；债务占GDP的比例也从2010年的16%激增至2014年的24%（右图）。直至2014年底，中央政府出台了一系列措施和规定，地方政府债务规模的高速增长才受到一定程度的遏制。

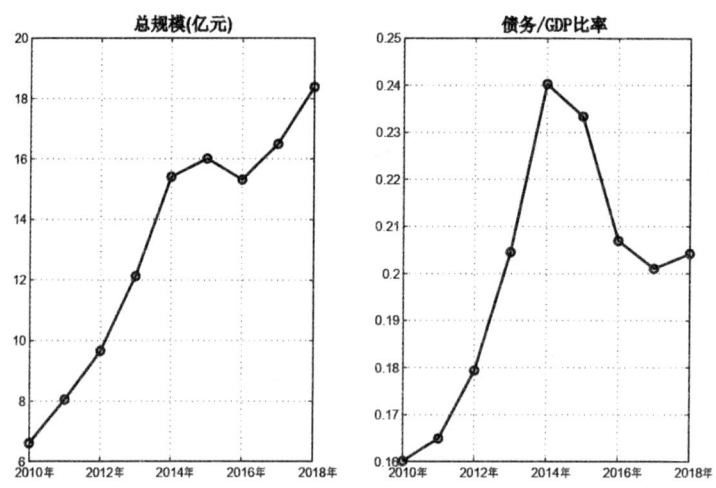

图6 我国地方政府债务规模的变化情况

注：左图为全国地方政府的名义债务总额（单位：万亿元），右图为全国地方政府债务名
　　义总额与全国名义GDP之比。2014年以前的债务总额由各省地方政府债务加总得到。
数据来源：地方政府债务审计公告。2014年至2018年的债务总额来自财政部官方网站，
　　　　　名义GDP数据来自国家统计局。

虽然地方政府债务的发行有助于纾解地方政府财政困难，稳定地区经济增长，但政府债务规模的高速增长反过来也将挤出私人部门的信贷资源，对实体经济产生不利的"挤出效应"，削弱财政扩张对实体经济的正向效应。因此，地方政府债务如何保持在合理的规模，一直是备受各方关注的焦点。就地方政府债务的形成机制，主要可以归纳为以下三点：

首先，政府间财政关系、官员晋升竞争和预算软约束问题，是地方政府债务规模不断膨胀的重要因素。一方面，在经济分权（以财政分权为主要特征）的背景下，财政资源更多地集中在层级更高的政府部门，而基层政府才是地区经济社会发展的主要承担者，这种地方政府财权和事权的不对称造成了各级地方政府长期存在财政支出缺口，直接引发了地方政府债务的持续扩

张；另一方面，曾经的晋升锦标赛的官员治理模式促使地方政府极力筹资来拉动经济或改善地区的环境和民生等问题（在发展质量的考核目标下），从而使地区间的政绩竞赛对地方政府债务的积累进一步起到了扩张性的作用。

由于官员任期制和对中央转移支付的救助预期，加之上文提到的财政分权和政绩竞争等因素，相较长期成本，一些地方政府官员往往更加关心短期利益，忽视重质量地扩大政府支出，于是，地方政府的财政预算并不能较好地发挥约束功能。很多地方政府都希望通过谋求救助以分担举债成本，这种客观上存在的权责分离加剧了地方政府债务的高速增长。同时，地方政府债务的形成还涉及我国固有的经济发展特征，如以基建拉动经济的发展模式、政府对微观主体的隐性担保等。

其次，我国地方政府债务高企必然离不开金融体系的支持，良好而宽松的金融环境将推高地方政府的债务水平，反之则会出现抑制。金融系统效率下降通过推高融资成本和引发金融资源错配，导致地方政府债务形成，同时二者具有循环关联性。此外，财政分权制度激发了地方政府在金融资源上的竞争，财政分权与金融分权之间密切关联，两种体制的交互形成的竞争激励作用构成了地方政府债务持续增长的重要原因。

最后，地方政府债务在举借审批、使用偿还、规模约束等方面一定程度上缺乏较为严格而规范的监管和公开制度，特别是在2015年新《预算法》及地方政府债务管理体系建立之前，信息不对称的存在使得地方政府债务规模的盲目扩张难以得到有效控制。有研究指出，提高财政透明度和建立审计制度及加大处罚力度能够抑制地方政府债务的扩张。笔者的一篇学术文章（Qu, Xu, Yu and Zhu, 2019）[1]表明，严格的债务限额约束虽然一定程度上能够削弱地区间竞争对地方政府债务积累的扩张性影响，但约束程度在时间和空间

---

[1] Qu, Xi, Xu, Zhiwei, Yu, Jinxiang and Zhu, Jun, Local Government Debt and Regional Competition in China (June 2019). Available at SSRN: https://ssrn.com/abstract=3420523 or http://dx.doi.org/10.2139/ssrn.3420523.

上具有显著的不一致性。如表 1 所示，不同债务限额约束程度的地区在年度债务余额增长率上便具有显著的差异。我们的实证研究发现，对于债务限额宽松的地区，即便有债务限额管理，地区间竞争仍然会对债务扩张产生影响。另外，债务监管的严格化，也使得地方政府更多地寻求其他替代性的融资渠道，如 PPP 项目、土地融资等，进而加剧地方政府的隐性债务问题。

表 1 不同债务限额约束程度地区[①]的债务余额增长率

地区类型	2016	2017	2018
债务限额宽松	15.2%	17.1%	21.4%
债务限额严格	2.2%	2.5%	8.7%

综合上述分析，要想从根本上解决地方政府债务问题，除完善债务管理体系（包括建立合理的债务限额分配机制、预算管理机制、债务的发行和偿还机制、公开披露和责任机制等）、规范金融体系（提高金融体系效率、加强影子银行监管、完善地方债券定价机制等）外，更重要的在于厘清中央政府和地方政府、同级地方政府之间的关系。这需要在更高的层面协调多政府主体间的偏好关系，稳步推进分领域中央和地方在财权和事权上的权责划分。

五、小结与政策启示

基于多维度的讨论，我们可以将财政政策对宏观经济的影响归纳为"挤入效应"和"挤出效应"两个方面，而现阶段调节社会关系和社会活动的体制机制直接影响了两种效应，制约了财政乘数的进一步提升。

结合之前的分析，为了实现更加积极有为的财政政策，我们必须拿出更大的勇气、更多的举措破除深层次的发展障碍，在最大化财政政策对实体经

---

① 限额约束较宽松的地区，指的是年初可用的债务限额比例高于中位数的地级市；限额约束较严格的地区，指的是年初可用的债务限额比例低于中位数的地级市。

济的"挤入效应"的同时，降低财政政策对实体经济可能带来的"挤出效应"。为此，我们将上述分析的政策启示归纳为以下几点：

第一，财政与货币政策相协调，建立中央各部门决策的协调与合作机制，最大化政策组合的宏观效应。

第二，加强财政纪律，精简行政体系，优化财政资金转移支付制度，完善财政监管和绩效考核制度，从而稳步提高财政资金的使用效率。

第三，持续推进财税体制改革，包括健全事权和支出责任间相适应的财政制度、实现中央和地方收入的合理划分、优化各级政府间关系、完善科学的官员晋升机制等；以培育优质税源的方式扩宽税基，进而从根本上化解地方政府财政收支间不平衡的矛盾。

第四，做产业发展中的市场配套服务者和引导者。因地制宜，制定精准化的财政支出政策，为先进制造业、高技术服务业的发展提供良好的融资和市场环境，提升财政支持的过程中要避免轻率地介入产业，减少对实体经济的资源占用。

从全局统筹产业发展的空间布局，加强教育、交通、医疗等服务性基础设施建设的财政投入，促进生产要素的自由流动，增强区域发展战略的联动性、协调性和整体性，形成"全国一盘棋"的区域发展格局，推动经济质量提升。

第九章

碳中和和碳市场：市场如何助力环境保护？

第九章 碳中和和碳市场:市场如何助力环境保护?

一、关注缘由

2020年9月23日,习近平总书记在第七十五届联合国大会一般性辩论上发表重要讲话,指出中国将采取更加有力的政策和措施,力争使二氧化碳排放于2030年前达到峰值,努力争取2060年前实现碳中和。2020年10月13日,中共中央政治局常委、国务院副总理韩正在生态环境部召开座谈会,指出要围绕落实我国新的二氧化碳达峰目标与碳中和愿景,制定二氧化碳排放达峰行动计划,加快推进全国碳市场建设,积极参与全球气候治理。2020年12月召开的中央经济工作会议重申了这些行动规划。

中国建设碳市场的努力有十年之久。早在2011年,国家发改委发布《关于开展碳排放权交易试点工作的通知》,提出要在全国发展碳排放交易市场的计划。2015年底,习近平总书记在巴黎气候变化大会上表示,中国全国性的碳排放交易市场会在2017年建成。此后,发展全国性的碳市场成为国家战略。2017年12月,国家发展改革委印发《全国碳排放权交易市场建设方案(发电行业)》。全国市场建立起来了,但是这个市场局限于发电这一个行业。既定的发展目标应当是把碳排放交易市场逐渐推广,覆盖八个碳排放密集的行业:石化、化工、建材、钢铁、有色、造纸、电力、航空。根据世界银行的估算,如果中国的碳排放交易市场拓展到八个行业,中国将会成为世界上最大的碳交易市场,全球的碳交易市场也因此会成为比石油市场还要大的单一商品市场。

为什么控制碳排放要通过建立碳排放市场的方式实现呢?或者更一般地说,为什么要把市场机制引入环境保护的工作中来呢?本章致力于回答这些问题。

二、市场与环境保护

在经济学或公共政策的教科书中,有一个概念叫作市场失败,这通常被看作政府通过公共政策干预经济活动的一个理由。有四个典型的市场失效:外部性、公共物品、信息不对称和自然垄断。外部性最为典型的例子是环境污染,公共物品最为典型的例子是清洁的空气和海洋渔业。市场失效的潜台词是什么呢?这常常被错误地理解为这些问题的解决只能靠政府。于是环境保护成了政府的专属领地,市场在环境保护方面似乎是个"坏小孩",是应当被约束和看管的。

甚至有些经济学教授认为环境经济,或者从经济学的角度出发研究环境保护的问题,是个伪命题。但是只靠政策管制真的能做好环保这个事情吗?经济学在环保政策这个重要的领域,是否完全无所作为呢?

回到20世纪70年代的美国。那个时候,美国还没有管制海洋渔业捕捞,开放捕捞的作业模式使大比目鱼的数目迅速下降。事实非常清楚,如果政府不采取措施,大比目鱼未来只能被放在博物馆中怀念,而不是出现在老百姓的餐桌上。政府开始行动起来,出台了各种措施:制定每年可捕捞总量的上限;限制捕鱼船的马力;规定捕鱼网的规格;等等。最后,政府开始限制捕鱼的时间。允许捕鱼的时间从1970年的每年125天持续降低到1980年的每年25天。

但是事情看起来并没有什么好转。最后,美国政府也真是拼了,1994年允许捕鱼的天数降到每年只有两天。[①] 而为了在这短短的两天里获取最大的收入,渔民买入或租用了更多的小船,雇用了更多的临时工,每天24小时

[①] Huppert, Daniel D. 2005. "An Overview of Fishing Rights." Reviews in Fish Biology and Fisheries, 15(3): 201-15.
  Homans, Frances R., and James E. Wilen. 1997. "A Model of Regulated Open Access Resource Use." Journal of Environmental Economics and Management, 32(1): 1-21.

不停歇地作业。因为是临时拉起来的捕鱼大军，缺乏捕捞知识，捕鱼造成的伤亡事故不断增多；因为粗枝大叶的捕捞，很多原本不需要、捕到之后会被放生的海洋生物被粗暴地伤害；很多损坏的捕捞设备被随便扔掉，在海洋中造成所谓"幽灵捕捞"的现象。更重要的是，市场上只有两天有新鲜的比目鱼出售，其价格也高得离谱。即便是付出这样的代价，问题并没有得到解决，政府设定的最高捕捞上限被持续超越。

事情似乎到了山穷水尽的地步。走投无路的政策制定者想到了经济学家。那么怎么从经济学的角度来理解疯狂的过度捕捞的现象呢？有个名叫哈丁的学者，曾在《科学》上发表了篇名为《公用地悲剧》的文章（Hardin, 1968）。这篇文章指出，出现这种现象的原因是产权不清晰或者缺乏产权界定。那么怎样解决公用地灾难的问题呢？有个名叫科斯的经济学者，曾在《法与经济学》上发表了名为《社会成本的问题》的文章（Coase, 1960），提出有名的科斯定理，认为只要产权界定是可能的，在交易成本为零的情况下，不管产权的最初分配怎样，市场自由交易会带来最优的结果。

市场再次进入人们的视野。1995年，走投无路的政府推出了"个人可转让配额制度"。简单地说，如果政府某年的捕捞上限是100吨，共有10个渔民，政府会把这100吨的配额发给10个渔民，例如每位渔民10吨的配额。从此，你想什么时候捕鱼都行，但必须在港口上交与捕捞量相当的配额，如果捕捞5吨，就必须上交5吨的配额。如果没有配额，你可到其他人那里去买，如果买不到，那就要缴纳非常高昂的罚款。

这个制度实施之后，政府退到幕后，政府的责任只是在港口查验渔民所捕捞的大比目鱼的数量，并收取相应的配额。其他的都由市场来运作。神奇的事情发生了：允许捕鱼的天数逐步延长到200天，因为时间宽松，不需要雇用临时工和临时租用小船，安全问题得到解决，"幽灵捕捞"的损失下降了77%，捕鱼造成的其他物种的损失下降了80%，市场上大比目鱼的质量也有了大幅提升。自项目实施之后，大比目鱼的总渔获量再也没有超出政府设定的目标上限。

问题奇迹般地解决了。这种思路后来被运用到其他领域。美国在1995年开始了二氧化硫的总量控制和配额交易制度，此项制度在环境政策的市场化改革中，被认为是最为成功的范例。此项制度不但有效地控制了美国二氧化硫的排放总量，而且大大降低了污染控制的成本。根据Ellerman等人在2000年发表的研究成果，此项体系与传统的政府管制手段相比较，把全社会的二氧化硫减排成本降低了55%[1]。另外，美国有30多个州实施的可再生能源的配额制度，也是从这个思路出发，发展出鼓励可再生能源投资的政策，根据Yin和Powers在2010年发表的研究成果，此项制度能够有效推动可再生能源的发展[2]。

三、碳市场的主要原理和政策目标

环境权益交易制度常被称赞为运用经济学理论革新环保政策的最伟大的实验。这里我们以碳市场为例，讨论一下经济学是如何把环境权益交易制度导入政策实践的。

首先是我们如何从经济学的角度理解碳排放。经济学中有个概念，叫作公共物品。公共物品有两个维度：消费的非竞争性（个体A的消费并不能减少个体B的消费），消费的非排他性（个体A不能合法地阻止个体B的消费）。清洁的环境是个典型的公共物品，特别是在消费非排他性上：任何人都不能合法地阻止其他人呼吸清洁的空气。在消费上无法排他的公共物品，很容易产生"公用地灾难"问题。清洁空气是公共物品：当我污染空气时，我不需要支付费用。我之所以不需要支付费用，是因为没有人拥有空气的所有权或

---

[1] Markets for clean air: the U.S. acid rain program: A. Denny Ellerman, Paul L. Joskow, Richard Schmalensee, Juan-Pablo Montero, Elizabeth M. Bailey, Cambridge, UK: Cambridge University Press, 2000.

[2] Yin, Haitao and Nicholas Powers (2010), "Do State Renewable Portfolio Standards Promote In-state Renewable Generation", Energy Policy, 38(2):1140-1149.

者产权，因此，没有人可以阻止我把废气排放到空气中。这样，只要我有经济上的收益或者能降低经济上的成本，我就可以污染空气。

上述的经济逻辑使我们认识到：我们可把空气污染的产生，归结为一个产权缺失的问题。既然是个产权的问题，我们需要回到关于产权问题的最重要的理论讨论——科斯定理。科斯定理指出，如果在一种外部性上界定和交易产权是有可能的，并且没有交易成本，那么市场上的产权交易会引致一个有效率的结果，而且无论产权的初始分配如何进行，最终结果都是有效率的。

科斯定理有两个重要的假设。第一个是交易费用很低，接近于零。第二个假设是，在外部性上定义和交易产权是可能的。科斯定理也有两个重要的结论。第一个是市场交易会引致最有效率的结果。第二个是无论最初的产权分配是怎样的，都会得到同样的结果。我们首先借助图1来理解这两个结论。

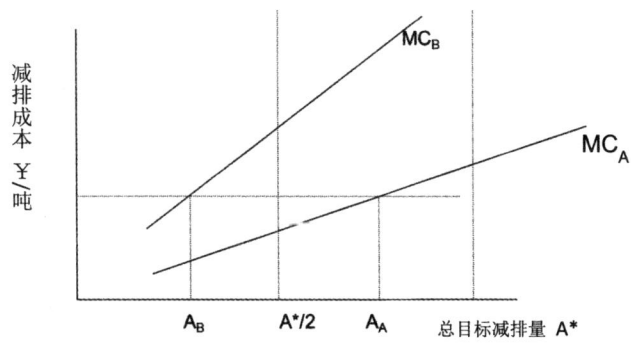

图1　科斯定理的图形说明

图1中的两条直线表征两个企业。横轴表示碳减排的量，纵轴表示价格，或者是减排成本。企业A和企业B各有一条边际碳减排成本曲线。从图1可以看出，企业A的碳减排效率更高，与B相比，每单位碳减排的成本更低。现在我们假设政府要求总的减排要达到A*。我们首先考察命令和控制手段的情形：政府要求两个企业各自完成总减排任务的一半，也就是说，A*/2。从图1可以看出，在A*/2的减排水平上，企业B的减排成本高于企业A。

下面我们再看允许交易的情形，政府给企业发放排污配额，使得两个企业，在没有市场交易的情况下，需要完成的减排量都是 A*/2。我们知道在这一点上，A 和 B 的减排成本存在差异，于是有了交易的激励。企业 B 会与 A 商量：我减排成本很高，要不我从你那里购买排放配额，然后你多减排一些？当 A 多减排一单位时，它的排放配额就多出来一单位，于是可以出售给 B，企业 B 多了一个配额，就可以少减排一个单位。只要 A 和 B 协商的价格，低于 B 这一单位的减排成本，并高于 A 这一单位的减排成本，两者都获利，交易就会发生。这是双赢的局面：A 通过出售排污配额，赚了些钱；B 通过购买排污配额，省了些钱。

那么，A 和 B 何时会停止交易呢？答案是，当 A 与 B 的减排边际成本相同时，交易会停止。一旦边际成本有不同，就有交易的空间，就可以再度达到双赢。可以证明，当交易停留在 A 和 B 边际减排成本相同的那点时，整个社会为实现减排 A*，所付出的总的社会成本最低，这也就是我们说的"有效率"。当政府确定排放上限，分配配额并允许配额进行自由交易时，企业的自由交易会使减排任务，从减排成本高的企业转移到减排成本低的企业。最后，减排成本低的企业完成了绝大部分减排任务。因而从总体上看，社会是用最小的成本，实现了既定的碳减排的任务，这就是有效率的状态。

那么如果改变最初的配额分配，情况会怎么样呢？假设政府把所有配额全部给 B，而让 A 完成所有的减排任务。此时，B 的减排边际成本为零，而 A 减排的最后一单位边际成本比 B 要高。这样 A 就会找到 B，让 B 开展些减排，使得 A 能从 B 手中购买部分配额。交易最终仍然会停到 A 和 B 最后一单位的减排成本相同的地方，也就是说，最有效率的地方。这也是科斯定理结论中的第二点：配额的最初分配并不会影响交易体系的效率。

从这个分析可以看出，碳市场交易的主要目标是通过市场交易，在实现特定减排目标的前提下，降低整个社会的碳减排成本。

四、环境交易市场在中国：碳市场的建设过程中要注意的问题

在中国，环境权益交易制度可以追溯到1987年上海闵行区的水污染许可证交易制度。

表1 中国碳交易试点市场概况

名称	覆盖范围（占总排放量比重）	总量设定（Mt）	配额分配	参与主体（家）	惩罚措施
北京	45%	50（2017）	拍卖比不超过5%	943	罚款最高5倍于过去6个月市场均价
上海	57%	158（2018）	拍卖很少，1%左右	298	补齐配额并处5万至10万人民币罚款
深圳	40%	31.45（2015）	拍卖2%	794	3倍于过去6个月市场均价
天津	55%	160—170（2017）	基本是免费配额	109	没有罚款，但会取消相关政策扶持资格3年
重庆	50%	100（2018）	基本是免费配额	195	同天津
广东	60%	422（2018）	电力行业免费配额95%，其他行业97%	288	处以5万人民币罚款，并在下一年中扣除2倍额度
湖北	45%	257（2017）	基本是免费配额	344	罚款1到3倍市场均价，最高至3万元，并在下一年中扣除2倍额度
福建	60%	200（2017）	最高可拍卖10%，但只举办过一次拍卖	255	罚款1到3倍市场均价，最高至15万元，并在下一年中扣除2倍额度

表2 中国碳交易试点市场概况

名称	储蓄	借贷	抵消（CCER）	市场干预及储备	价格下限

续表

名称	储蓄	借贷	抵消（CCER）	市场干预及储备	价格下限
北京	允许	不允许	5%	基于价格阈值，若连续10天均价超过150元或低于20元，会进行额外拍卖	20
上海	可跨期储蓄，但下阶段能使用的量有限制	不允许	1%	如果一天内价格波动超过10%或30%，将会暂停交易或限制持有	无
深圳	允许	不允许	10%	防范市场波动，通过以固定价格从储备中卖出额外额度，但只能用于履约不可交易，或者回购总额度的10%	无
天津	允许	不允许	10%	天津发改委会售出或回购	无
重庆	允许	不允许	8%	不能交易超过年度分配额的50%，根据交易类型不同涨跌有10%或30%的限制	无
广东	允许	不允许	没有明确百分比，但70%的抵消项目需来自广东省内部	总量5%作为储备	2017年为前三个月加权均价的100%
湖北	允许但只针对至少交易过一次的配额	不允许	10%	总量8%作为储备。20天内价格六次达到高点或低点，发改委会采取行动有10%的涨跌限制	无
福建	允许	不允许	5%	如果10天的交易日涨幅达到一定比例，发改委会采取行动	无

我们能在碳排放交易市场上取得成功吗？排放交易的试点，已经有六年的时间了。我们能够从这些试点中学习到什么呢？表1和表2总结了我国的试点城市碳排放市场交易的制度设计。表3总结了其中5个试点城市2014—2017年市场运行的情况。

表3 5个试点城市碳交易试点运行状况

市场	年份	总配额（亿吨）	二级市场总交易量（万吨）	总交易量/总配额	线上交易量/总配额	线上交易均价（元/吨）	加权平均价格（元/吨）
北京	2014	0.45	211.5	4.7%	2.4%	59.48	49.59
北京	2015	0.45	316.2	7.0%	2.8%	46.69	41.48
北京	2017	0.5	753	15.1%	4.9%	49.95	31.38
天津	2014	1.6	107	0.7%			20.79
天津	2015	1.6	97	0.6%			14.38
天津	2017	1.6	113.5	0.7%			9.09
上海	2014	1.6	199.7	1.2%	0.9%	37.6	38.13
上海	2015	1.6	294	1.8%	1.0%	23.99	20.72
上海	2017	1.5	996.4	6.6%	1.6%	34.86	23.27
广东	2014	4.08	191.8	0.5%	0.2%		20.64
广东	2015	4.08	1468.8	3.6%	1.2%		13.89
广东	2017	4.22	1756	4.2%			13.55
深圳	2014	0.33	205	6.2%	5.2%		62.2
深圳	2015	0.35	442	12.6%	3.0%		38.1
深圳	2017	0.3	1127.4	37.6%			27.4

注：1. "总配额"和"二级市场总交易量"直接取自各年度报告，其余的值是作者计算得出。
2. 天津和深圳没有任何运行状况报告，其2017年数据由《广东碳市场2017年度总结报告》中的信息倒推出来，2014年以及2015年数据来自两个非官方报告《中国碳市场分析2015》《中国碳市场2014年度报告》。
3. "加权平均价格"计算方式是均价的交易量加权平均，实际上就等于"总交易额/总数量"。

数据来源：《北京碳市场年度报告》（2017，2015，2014）；《上海碳市场报告》（2013—2014，2015，2017）；《2013—2015年度广东碳市场评估及中国碳市场投资分析》；《广东碳市场2017年度总结报告》；《中国碳市场分析2015》：https://wenku.baidu.com/view/4a0021345022aaea988f0f9d.html；《中国碳市场2014年度报告》https://wenku.baidu.com/view/b0c478c4a8956bec0975e3c1.html。

从表3中，我们有几个观察：首先，从2013年到2017年，在所有被分配的许可证中，交易的比例逐渐提高，尤其是深圳，在2017年达到37.6%。

我们从理论分析的部分看到，交易是这个制度发挥其"有效率"的特质的前提条件，所以交易的活跃度不断提升，是这个制度逐渐走向成熟的一个重要标志。其次，线上交易的量，在全部交易中，所占的比例仍然非常小。但这并不是说，线上交易不重要，它至少传递出一个很好的价格信号，为线下交易提供很重要的参照。另外，线下交易占大多数说明，这个市场上"非市场"因素的影响仍然很大。再次，碳配额交易价格变化非常大，以深圳为例，2014年的加权平均价格是62.2元，但2017年的加权平均价格只有27.4元。参考实时碳K线图[①]，我们发现在上海，价格高的时候在45元左右，但是最低的价格在5~6元，因为配额的有效期限通常为3年，这为市场提供了很大的套利空间。最后，地区之间碳配额交易的价格差别很大，例如，在2020年8月份，北京的价格上升到100元左右，而上海的价格只有40元左右。这表明如果全国性市场建立起来，在目前的配额额度之下，配额的地区间流动会成为常态。

从对当前碳市场运行的观察中，能得到什么教训呢？我们认为最重要的是，在实施碳排放市场体系之后，政府在通过行政手段落实减排任务的时候要留心，不能因为确保达标而任意干预碳市场的运行。碳市场与其他常规产品（例如电脑和桌子）不同，它不是在自然状态下自然出现和持续的，而是政府创造出来的，并在政府的维护下成长的。不是自然状态下的产物，这意味着这些政策在发展的过程中，都会有一个试错和自我学习的过程。欧盟的碳排放交易体系，美国二氧化硫排放交易体系，都经历过价格猛降、市场波动的情况，这是正常的，政府要有一定的耐心，社会要有一定的包容。否则的话，这些幼稚和脆弱的市场很难发展壮大。

---

① http://k.tanjiaoyi.com/。

五、本章小结

碳排放尽快达到峰值，并实现碳中和，是既定的国家战略，也是中国作为负责任的大国，在国际社会上的庄严承诺。为了最大限度地降低碳减排给企业成本带来的冲击，充分利用市场机制变得非常重要。发展碳交易体系的初衷就在于此。通过碳额度在市场上的交易，碳减排的任务会从减排成本高的企业，转到减排成本低的企业，从而从全社会的角度，实现用最小的成本达到既定减排目标的目的。从更广的政策实践意义上看，这个例子告诉我们，即使在存在市场失灵的领域，充分利用市场机制原理，也是实现有效政策革新的重要思路。

第十章

中小企业的融资困境

第十章　中小企业的融资困境

一、关注缘由

习近平总书记对中小微企业融资问题高度重视，在民营企业座谈会等重要场合多次强调，"要优先解决民营企业特别是中小企业融资难甚至融不到资问题，同时逐步降低融资成本""要切实解决中小微企业融资难融资贵问题"。2020年新冠疫情，给中小企业的发展造成严重的影响。习近平总书记在为中小企业疏危解困。2020年2月12日，习近平总书记主持召开政治局常务委员会会议。会议指出，要以更大力度实施好就业优先政策，完善支持中小微企业的财税、金融、社保等政策。2月21日，习近平总书记主持召开中共中央政治局会议。会议指出，要加大对重点行业和中小企业的帮扶力度，救助政策要精准落地，政策要跑在受困企业前面。2月23日，习近平总书记出席统筹推进新冠肺炎疫情防控和经济社会发展工作部署会议时指出，积极的财政政策要更加积极有为，继续研究出台阶段性、有针对性的减税降费政策，帮助中小微企业渡过难关。3月4日，习近平总书记主持召开中央政治局常务委员会会议。会议指出，要坚持全国一盘棋，维护统一大市场，促进上下游、产供销、大中小企业整体配套、协同复工，切实提高复工复产的整体效益和水平。2020年12月16日召开的中央经济工作会议也指出："要持续激发市场主体活力，完善减税降费政策，强化普惠金融服务，更大力度推进改革创新，让市场主体特别是中小微企业和个体工商户增加活力。"

本章重点解读中小企业在发展过程中融资困难的概念指向、形成原因和解决这一问题的政策选择。

二、中小企业的融资难的概念指向

提到中小企业融资难,通常有个误解:认为中小企业借不到钱,或者借钱的成本高就是融资难。为什么这是个误解呢?因为按照金融市场的运行规律,融资的成本是和企业的风险成正比的。大多数中小企业有"1短3少"的特点:企业成立时间短、资产积累少、销售收入少、行业经验少。这样的特点使得中小企业的抗风险能力很弱。根据中国人民银行、中国银行保险监督委员会2018年发布的《中国小微企业金融服务报告》,我国中小企业的平均寿命只有3年,成立3年后的小微企业持续正常经营的只占1/3。风险如此之大,融资时遇到困难、融资成本偏高,是正常的。所以当我们思考中小企业融资难的问题时,不是要讨论是否或者怎样通过大水漫灌的方式,向中小企业提供资金支持,而是要讨论那些优质的、有市场发展潜力的中小企业也很难得到融资支持的问题。

三、我国中小企业的运行情况

(一)中小企业在国民经济中的作用

中小企业在国民经济中起到了至关重要的作用。根据国家工信部中小企业局2015—2019年的《中国中小工业企业经济运行报告》,如图1所示,自2015年以来,中小企业的数量占比一直高于99%,劳动人员占比在70%左右。也就是说,中小企业的发展是中国解决就业问题的关键所在。与此同时,中小企业在国际经济发展中,也扮演着举足轻重的角色。中小企业主营业务与利润总额的占比均超过了50%,根据中国人民银行行长的主题报告《关于改善小微企业金融服务的几个视角》,在2017年中小企业税收占比也超过了50%,所以,中小企业是我国国民经济和社会发展的重要力量,是繁荣经济、吸纳就业、改善民生和推动创新、促进国民经济平稳较快发展的重要基础。

第十章 中小企业的融资困境

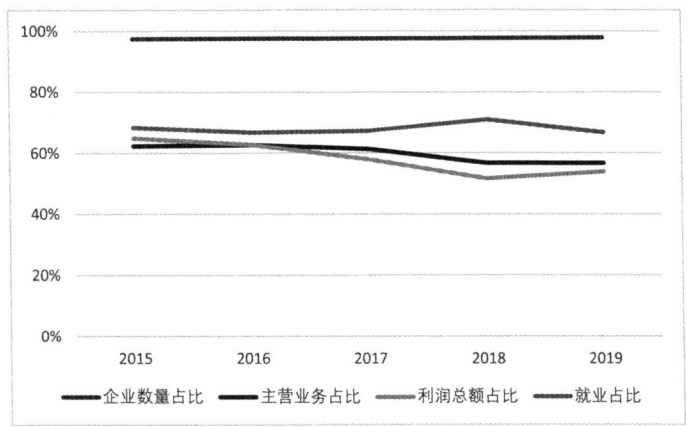

图1 2015—2019年中国中小企业的主要指标在国民经济中的占比

（二）中小企业面临的发展困境

虽然中小企业在国民经济中的地位举足轻重，但如前所述，中小企业的发展挑战也是非常大的。截至2018年底，中小企业共有5.6万户处于亏损状态，年度亏损面为15.2%，并且亏损额的增速处于较高水平，亏损比例令人担忧。中小企业比大型企业的亏损面高出1.5%，其中中型企业亏损面为16.5%，小型企业亏损面为15.0%（如图2）。

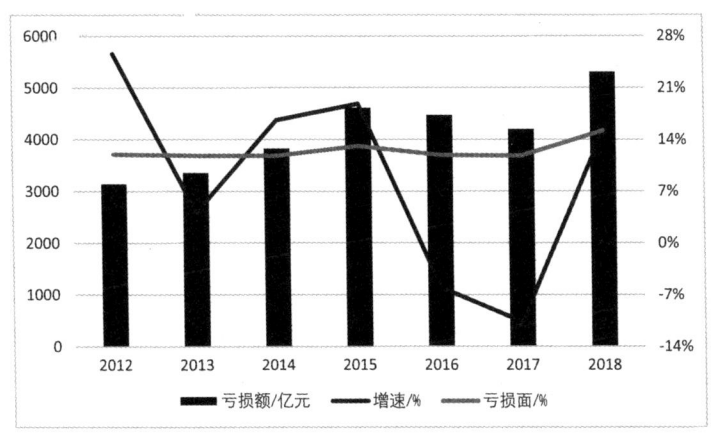

图2 中小亏损企业亏损总额和亏损面的变化趋势

根据国家统计局的企业景气指数所示（如图3），2016—2019年第一季度间，中小企业与大型企业的景气指数都呈现稳步上升态势，并且二者的变化趋势相似。但是大型企业的景气指数一直明显高于中小企业，究其原因，大型企业相对中小型企业主要有以下优势：首先，大型企业生产具有规模效应，市场占有率高；其次，有着雄厚的资金基础，可抵御多方面的风险来源；再次，大型企业拥有良好的品牌效应，更容易被消费者所认知与接受；最后，大型企业具有完善的信用担保体系，因此在融资方面相比于体量较小的中小型企业具有得天独厚的优势。

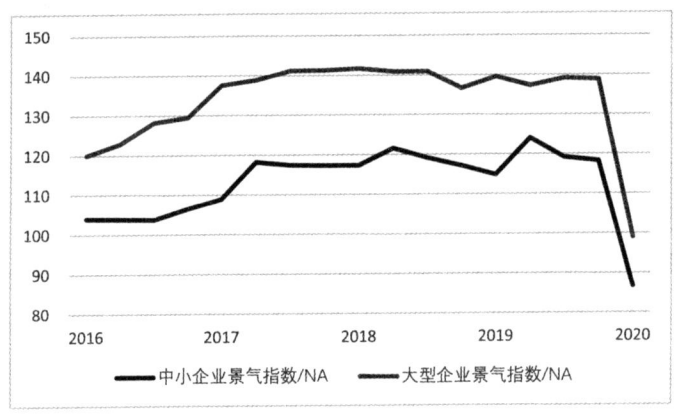

图3 中小企业与大型企业的景气指数对比

2020年第一季度新冠疫情的突然暴发，对需求侧与供给侧均产生了迅速而严重的冲击，导致中小企业景气指数在2020年第一季度立即跌破100，到达86.6，处在近年来最低水平。在中小企业经营与发展前景悲观的同时，外部环境可能会进一步恶化。根据《2020年中国中小企业发展形势展望》显示（如图4），国际主要经济体PMI在2018—2019年持续走低，截至2019年第三季度已下降至枯荣线水平以下。对于中小企业而言，由于国际经济形势的衰退、中美贸易关系的持续紧张，加之新冠疫情对于整个国际社会的剧烈冲击，吸引外资以达到生存和发展的目的在短期内很难实现，这会对中小企业的景气指数产生明显的负面影响。

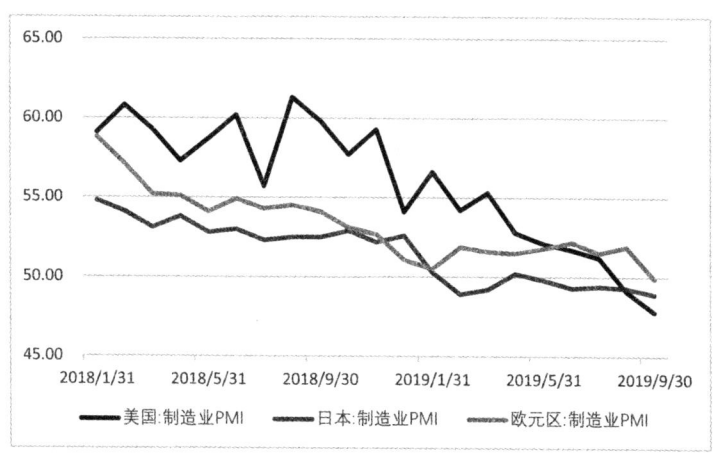

图 4 主要发达国家制造业 PMI

四、中小企业融资困难的原因

在持续经济下行、贸易争端以及突发新冠疫情的压力下，中小企业的融资环境较之以往变得更加恶劣。归根溯源，中小企业的融资困境主要是由以下三个因素造成的。

（一）信息不对称是导致中小企业融资困难非常重要的原因

在国内外研究中小企业融资的主流文献中，信息不透明被认为是影响银企之间信息不对称的一个最根本的因素。银行等金融机构无法有效地获取中小企业经营模式与财务状况方面的信息，因此中小企业在申请贷款的过程中会存在很多内在障碍。但是信息不透明的成因往往并不出自市场扭曲，而是来源于中小企业自身的经营特点与发展需要。由于中小企业普遍存在于激烈竞争的行业之中，过多地向社会披露自身企业的相关信息会承担较大的潜在风险，容易使竞争对手模仿成熟的生产技术从而挤占市场份额，或使对手利用该部分信息做出具有针对性的博弈决策，从而使企业处于不利的竞争状态。

另外，中小企业往往规模较小，产品与服务的涉及范围有限，市场影响力较小，进行抵押融资的能力有限，因此在金融机构中无法形成良好的信誉保证。并且提高市场透明度也需要支付一定规模的固定成本，对于短期回报率较低的中小企业而言也是很大的制约因素，如果得到的信贷规模不足，很可能造成资金链断裂的严重后果。尤其是现阶段资本市场对于企业的信息披露要求较为严格，对于那些信息透明度相对较低的中小企业，金融机构在信贷发放时会要求得到更高的风险补偿，甚至不会同意借贷申请，而使中小企业的融资存在较大困难。

中国人民银行行长的主题报告《关于改善小微企业金融服务的几个视角》显示，自2018年以来，小微企业在最终产品和服务价值方面占总体GDP的60%左右，而小微企业的纳税数额占国家总体税收数额的50%左右，是总体经济最为重要的组成部分。但是中国银行保险监督管理委员会所公布的数据显示（如图5），小微企业在2015—2019年间的融资数额仅占总体份额的1/3，与其所创造的经济贡献之间存在严重的不匹配。并且在2019年经济下行与贸易争端的国际大背景下，小微企业的信息不透明性将会大大影响其融资能力，因此全年的融资比重仅占9%，该现实状况会极大地威胁中小企业的生存与发展。

信息不透明除了使中小企业难以获得银行信贷融资外，也会干扰其在股票市场以及债券市场上进行融资。中国对于股票融资的渠道设置了非常严格的准入条件，因此由于净资产规模、信用等级、融资额度不达标，资产评估、信息披露费用较为高昂等原因，绝大多数中小企业被排斥在上市融资的门槛之外。新三板因为交易过于冷清也难以充分发挥作用，因此中小企业很难通过股权融资找到合意的资金来源。在债券融资方面，由于央行对发行规模实施了非常严格的控制，因此对中小企业进入债券融资市场设置了很高的准入

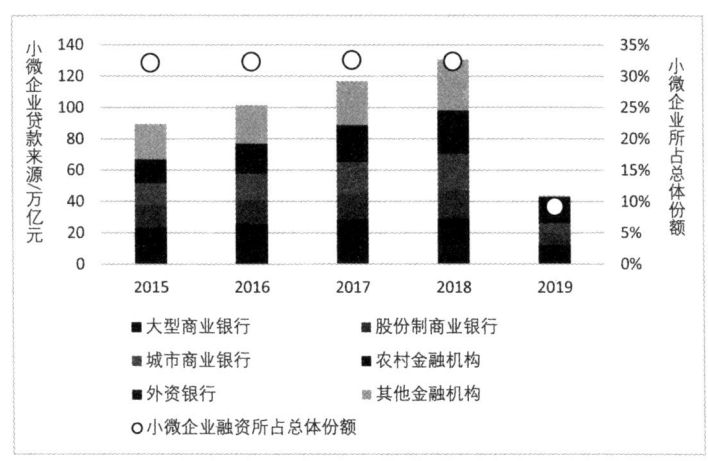

图 5　小微企业的贷款来源

门槛。根据 2020 年颁布的《各类债券发行条件》，企业单独发放债券的净资产需大于 12 亿元，近三个会计年度连续盈利，并且资产负债率超过 85% 的企业将不许受理，因此大多数中小企业并不符合债券发放条件。虽然中小企业已获取了一定数额的债券发行额度，但是由于中小企业的资本回报率较低、投资风险较大，投资者对购买债券未来能够盈利的信心明显不足，因此中小企业同样很难通过债券融资找到合意的资金来源。

信息不对称将会在信贷市场中产生逆向选择的问题，从而影响中小企业的融资过程。由于借款的中小企业比银行等金融机构掌握更多的信息，借贷方的信用状况、担保来源以及项目的收益与风险等信息无法被完全确定，在信贷市场金融机构处于被动的不利地位。并且中小型企业抗压能力相对较弱，违约可能性较大，因此金融机构不得不通过提高贷款利率水平以补偿可能带来的信贷风险损失。但是该行为会扭曲信贷市场供给与需求的市场平衡，进行贷款的中小型企业将以高于市场利率的水平进行借贷，即高于原定的基于平均风险成本所设立的贷款利率。此时那些预期收益率介于原利率与新利率之间的资金流健康、业绩优良的中小型企业将会被迫退出信贷市场，仅剩下那些具有高预期收益率并伴随高风险的中小企业仍然会申请信贷资金。但是在一轮借贷完成之后，金融机构会发现市场中借贷方的平均风险已经明显增加，因此会进一步提高贷款利率以补偿所承受的风险，这使那些稳定经营的中小企业在借贷市场被进一步排挤，其他的投资机构也会采取更加谨慎的投资行为决策，从而造成恶性循环。由于只有那些具有高风险、违背银行等金融机构贷款原则的借贷方仍然留在市场之上，因此最终只会大幅度削减中小企业能够贷款的额度。用经济学的术语概括，这是一个典型的柠檬市场的问题。

另外，信息不对称也会引起道德风险的问题，从而会影响中小企业在长期的融资难度。与逆向选择不同，道德风险发生在贷款批准之后。当借贷方得到贷款之后，由于金融机构无法实时监测借贷方的行为，最终面临的风险可能会与之前预期的不同。借贷方在确定得到贷款之后，预防性的经营行为会适当减弱，对于风险的偏好程度相较得到信贷支持之前会有所增加，从而导致金融部门预期的平均风险数值偏低，违约的概率也会随之增大。中小企业在得到贷款之后，由于贷款利率数值略高于其所面对的实际风险成本，因此中小企业会通过投资高风险项目以获取更高的预期收益率，从而产生道德风险问题。银行等金融机构在感知到借贷方风险较预计水平有所增加之后，会采取更加保守的借贷行为，并且进一步提高借款利率。因此道德风险问题会影响金融机构在长期经营中对于中小企业的借贷决策，从而加剧中小企业面临的融资困境。

（二）金融机构强风险厌恶的政策偏好

中国在 2013 年开始执行巴塞尔协议（Basel Ⅲ capital regulations），所实行的货币政策收紧了银行等金融机构的风险投资行为。为了贯彻国务院第 207 次常务会议精神，中国银行保险监督管理委员会于 2013 年开始实施《商业银行资本管理办法（试行）》，显著提高了银行业对于资本与流动性的监管要求，目的是使银行业具备更高的资本吸收损失能力和更完善的流动性管理能力。此举在降低了银行所面临的风险的同时，也引起了资本错配行为。由于中小企业的风险管控与抗压能力较弱，与银行等金融机构之间存在信息不对称，信贷供给方出于规避风险的原则，会更加倾向于向大型国企发放贷款，而从贷款投向上规避风险不确定性比较大的中小企业。

根据 Li 等 (2020)[①] 的研究结果，在信息不对称引起逆向选择与道德风险的情况下，银行无法区分企业的真实预期收益，只能实行严格的借贷标准。尽管大型国企的生产率要低于私人企业，但是由于存在地方与中央政府的隐性担保，因此得到了更大比重的信贷支持。这一现象会使信贷市场出现扭曲行为，降低总体经济的生产率，使那些本应该得到贷款的资金链稳定、资本回报率较高的中小企业也难以进行融资，从而陷入融资困境。

根据中国银行保险监督管理委员会在2017年发布的《关于银行业风险防控工作的指导意见》（银监发〔2017〕6号），金融机构应该贯彻中央经济会议所制定的"把防控金融风险放到更加重要的位置"的总体要求，需要把更多关注点放到防范系统性风险上面，而不能仅考虑预期收益。因此中小企业在申请贷款时，就会存在天然的屏障。根据相关规定，在各级银监会的严密监督下，银行等金融机构需要提高授信条件、加强风险管制、增加对于贷款流向企业的业务能力排查，并且要严格贷款信用评级准入标准，做好投资的长期规划，防控违约风险向信贷业务的传导。此项政策对于信用担保能力弱、项目风险普遍较高的中小企业而言可谓雪上加霜。原本资金链稳定、预期收益率大于风险成本的中小企业也可能由于金融机构优先管控风险的原因而无法在借贷市场上得到相应的资金支持，从而不得不降低自身主体业务的经营，被迫放弃扩大生产、发挥自身比较优势的大好机会。

另外，监管机构也会严格监督信贷投资占比较高的银行，控制银行持债

---

① Li, X., Liu, Z., Peng, Y., Xu, Z., 2020. Bank Risk-Taking and Monetary Policy Transmission: Evidence from China. Working Paper Series, https://doi.org/10.24148/wp2020-27.

余额的总体上限。因此银行无法完全按照自身意愿进行贷款发放,在经济形势较好、信贷市场扩张的情况下可能会出现供不应求的情况。而大型企业由于相对而言收益流较为稳定,并且存在地方或中央政府的隐形担保,因此在可利用的借款总额给定的情况下,银行会优先选择将贷款发放给国有大型企业,并不会完全参照预期收益的维度进行决策。因此出于上述原因,中小企业在面临金融机构进行风险管控与获取利润的博弈时,会陷入更加严重的融资困境。

(三)中小企业通过非正式渠道进行借贷会进一步放大所面临的风险

从图 5 可以看到,小微企业在进行融资时,大概有 1/4 的融资比重来自其他的非正式渠道。同时这些非正式渠道的总资产规模庞大。根据穆迪投资者服务公司公布的《中国影子银行季度监测报告》,截至 2018 年,游离于银行监管体系之外的影子银行的总资产为 61.3 万亿元,大致达到当年 68% 的 GDP 水平(如图 6 所示)。因此影子银行有能力为中小企业提供充足的资金支持。

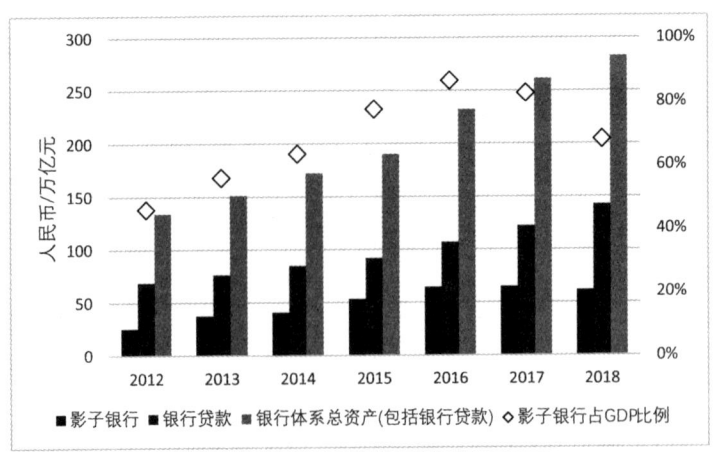

图 6　影子银行资产规模

并且由于银行等金融机构发放信贷的门槛较高，同时受到银监会的监督，金融机构会将风险防控作为更重要的考察指标，中小企业难以得到信贷支持。而来自民间的非正式渠道准入条件较低，并且可以在短期内帮助中小企业得到合意的资金，因此中小企业将影子银行作为重要的融资来源。但是由于相关的政策与法律制约机制并不完善，因此进行非正式渠道融资将存在很大的潜在风险。

首先，通过非正式渠道进行融资，将形成一个缺乏规范、存在高风险的投资市场。很多中小型企业由于融资困难，不得已求助于影子银行进行融资。很多借贷交易缺乏法律保障，无论是借贷的供给方还是需求方都存在着很大的违约风险，并且资金流向并不透明化，不存在机构进行监督管理。因此通过这种途径进行融资的中小企业将会产生比以往更大的不确定性。

其次，非正式渠道的融资成本将会比通过金融机构融资更高。商业银行拥有雄厚的资金储备，而影子银行在大规模业务扩展时只得求助于财务杠杆，通过很高的融资利率来分散自身面临的巨大风险。影子银行采取的信贷方式不是存款，而是发放金融资产债券，由于该种交易方式不受传统的货币体系监管，并且存在管制套利行为，该交易市场存在较多的不稳定因素。影子银行资产方的投资收益率可能会显著低于负债方的投资收益率，造成理财产品最终难以还本付息，从而出现系统性违约。

可以看到，中小企业通过非正式渠道进行融资，将会进一步放大其所承担的借贷风险，而银行等金融机构会对这些企业采取更为保守的借贷行为，使得中小企业更加依赖于影子银行，从而造成恶性循环，使中小型企业完全陷入融资困境。

五、政策建议

由于信息不对称、金融机构过分重视风险管控，以及通过影子银行寻求融资增大了风险规模的原因，加之近年来总体经济持续下行、中美贸易争端以及世界范围内突发新冠疫情等原因，中小企业的经营环境进一步恶化，在面临财务危机与难以得到贷款支持的情况下，很多企业正在面临着生死存亡的巨大挑战。因此政府需要重视现存的中小企业融资困难的现实问题。为了有效解决这个问题，政府可从完善中小企业信用体系、规范并监督影子银行、短期内稳定经济形势、逐步扩大总体需求的角度，打破中小企业的现有融资困境。

（一）完善中小企业的信用体系

前面我们提到，信贷机构和中小企业之间的信息不对称是造成中小企业融资困难的首要原因。因此，最重要的政策举措，应该从改变这个信息不对称的状况开始。

首先，设置专门面向中小企业的征信机构。中小企业在向金融机构申请贷款之前，需要向征信机构如实汇报自身的财务状况与企业运营情况。征信机构来甄别这些申请贷款的中小企业是否具有投资价值与发展前景，并且为贷款方提供真实可靠的企业数据，这在一定程度上可以解决信息不对称而造成的信贷市场效率低下的问题。银行等金融机构可以通过企业的信用状况与风险等级进行贷款决策，并且该征信机构也是这些中小企业的隐性担保人之一，从而降低贷款风险。征信机构的设置可以提高中小企业的信用信息披露程度，由于该信息会在征信机构与金融机构之间直接传递，因此可在有效规避核心竞争力泄露的前提下完成企业信息的如实上报。并且中小企业的信用行为也会被有效约束，有利于强化社会信用意识，管控信贷风险，可有效地缓解中小企业所面临的融资困境。与此同时，政府也须设置专门的监察机构或将监管部门融入现有的监察体系，防止征信机构本身出现渎职问题。

其次，完善中小企业信用担保体系。银行等金融机构缺乏向中小企业发放贷款激励的重要的原因是中小企业没有可置信的担保机构。大型企业与各级政府联系紧密，出于其在当地的经济贡献，地方政府甚至中央政府都可作为这些大型企业的隐性担保人。而中小企业相对而言很难寻求如此可靠的担保机构，并且在申请融资时由于普遍缺乏抵押物，加大了融资难度。因此政府需要设立中小企业的信用担保机构，保障连接中小企业与以银行为代表的金融机构的桥梁纽带。该信用担保机构可由政府直接出资经营，或是以政府名义设立担保基金，来引入社会资本。中小企业在得到征信机构审查认可之后，需要支付一定数额的信用担保费用，从而约束其得到贷款之后的经营行为，在可支配资金增加的情况下也不会改变风险偏好。此行为可有效降低银行贷款所面临的风险，以政府作为担保人，银行在向这部分资金链稳定、财务状况良好的中小企业发放贷款时并不违背银监会防范风险的规定，从而打破了仅以企业规模作为贷款评判标准的现实状况。

最后，建立中小企业信用评价体系。由于信息不对称，即使面对那些符合信贷条件并存在信用担保来源的中小企业，银行等金融机构仍然无法完全确定这些企业确切的违约风险规模。这时，完善的企业信用评价体系就显得尤为重要。对处在信用担保体系内的企业进行风险检测与风险度量，可以帮助金融机构分级制定贷款资金数额与贷款利率，降低信息劣势方的合约风险，提高银行的市场交易意愿，可增加信用较高的中小企业融资成功的概率。由于现阶段并没有完善的针对中小企业的信用评价机制，企业对于信用评级观念淡薄，对于信用评价的需求程度较低，因此需要通过立法的手段制定信用评价的标准与规则。通过借鉴国外发达国家的相关经验，立足国家的实际情况，尽快构建中小企业的信用评价体系。

（二）妥善引导并监管非正式融资渠道

由于影子银行是中小企业融资比较重要的来源之一，因此政府应采取谨慎的态度妥善引导并合理监督影子银行的决策行为。当中小企业的信用体系逐渐建立并完善时，影子银行在中小企业融资体系的比重自然会有所下降，但影子银行并不会完全消失。影子银行游离于银行监管体系之外，具有很高的风险，金融机构面对持有影子银行贷款的中小企业时也会采取非常谨慎的借贷行为。因此需要政府通过行政与法律工具引导并规范这些非正式融资渠道的金融行为。

首先，可以通过中国银行保险监督管理委员会牵头，加强影子银行的内部风险控制，以法律的行为明确规定影子银行的资本金充足率门槛，并且完善影子银行的信息披露制度，向社会实时公开影子银行的资金及投资状况。加大对影子银行经营以及投资行为的监管力度，避免其仅以资金回报率作为投资的唯一标准，并且合理管制影子银行的监管套利行为，有效防范系统性风险。

其次，可以加强影子银行之间的合作机制，此举可加强影子银行的风险应对能力。影子银行之间可进行金融资源优势互补，并且通过合作可扩大贷款规模，共同进行投资担保，加大投资风险的分散程度。

最后，政府要建立完善的市场利率形成机制，防止市场利率在短期内出现剧烈的波动，减少利率市场的不稳定因素。市场利率的大幅波动是影子银行风险的重要来源之一，并且该风险无法通过合作机制或加大准备金而分散消除。特别是近期新冠疫情暴发，对国内与国际市场产生了巨大的冲击，因此政府与央行需要及时使用货币政策，避免利率发生瞬时的大规模波动，而使影子银行的市场环境发生系统性变化。

（三）新冠疫情期间，需要稳定当前经济，并逐步扩大总需求

由于中小企业风险管控与抗压能力较弱，因此在此次新冠疫情的剧烈冲击下面临生存危机。但是金融机构应避免大水漫灌式地扩大信贷规模，在整体经济面临较大不确定性的现实之下，大型企业自然容易得到贷款，并且倾向于投资短期回报率较高的非生产部门，从而使经济进入流动性陷阱之中。虽然注入大规模信贷会使市场存在较强的流动性，但是在短期内由于企业与

银行的激励相容问题，实体经济无法充分吸收全部的流动性，因此会造成资产泡沫，从而造成"脱实向虚"的后果，并且不利于疫情之后的经济恢复。因此，在短期内政府需要稳定经济形势，指导银行等金融机构定向帮扶中小企业，为未来经济复苏打下坚实基础。

由于中小企业存在极大的异质性，不同企业之间存在不同的内在问题，因此很难直接制定能够大范围解决中小企业融资问题的政策。因此现阶段工作的重点应该是及时解决经济总需求下降的问题，通过扩大消费需求与投资需求，利用大企业复苏带动中小企业复苏的形式，使经济尽快走上疫情发生之前的正常轨道。并且在疫情期间，人们的生活以及消费方式由于隔离已经发生了变化，更多的经济活动已由线下转换至线上方式进行，所以中小企业也应当尽快适应现实所发生的变化，进行数字化转型。良好的企业经营状况是获得信贷支持的最基本的前提，而政府相关部门通过扩大总需求，帮助企业渡过经营难关，比通过信贷手段注资，恐怕会更有效。

六、本章小结

中小企业在国民经济中起着至关重要的作用，以习近平同志为核心的党中央高度重视中小企业的生存与发展，尤其是中小企业融资难的问题。本章在描述我国中小企业发展现状和挑战的基础上，指出优质的、有市场发展潜力的中小企业难以融资的原因主要包括中小企业与银行等金融机构之间存在信息不对称问题，银行在贯彻实施巴塞尔协议和相关政策过程中所产生的强风险厌恶的政策偏好，中小企业因为借助非正式渠道融资而产生的额外风险。根据这些原因的分析，我们提出了相关的政策建议：政府要完善中小企业的信用体系，对于非正式融资渠道进行及时引导与实时监管，并且在经济持续下行、中美贸易争端以及突发新冠疫情的不利环境下，逐步扩大总需求。这样才能妥善解决中小企业所面临的融资困境。